译文经典

生存哲学

Existenzphilosophie

Karl Jaspers

〔德〕卡尔·雅斯贝斯 著

王玖兴 译

上海译文出版社

出版前言

本书作者卡尔·雅斯贝斯系20世纪著名的哲学家，存在主义哲学的奠基人之一。1883年生于德国奥尔登堡。中学毕业后曾在海德堡、慕尼黑学习法律，后在柏林、格廷根和海德堡学习医学。1909年获医学博士学位，并任海德堡大学精神病理学编外讲师。1919年发表《世界观的心理学》一书，标志着他从医学到哲学的过渡。1922年他成为海德堡大学的哲学教授。1931年出版了三卷本著作《哲学》，系统阐述其生存哲学基本思想。同年还出版了《时代的精神状况》一书。1935年和1938年分别出版了《理性与生存》和《生存哲学》两部演讲集，对其哲学观点作进一步的发挥。1937年雅斯贝斯被纳粹政府解除大学教授职务，侨居瑞典。第二次世界大战结束后回到德国，恢复教职。1948年迁居瑞士，任巴塞尔大学哲学教授并加入瑞士国籍。他在战后时期出版的哲学论著有《论真理》（1947）、《哲学信仰》（1948）、

《历史的起源和目的》（1949）、《哲学概论》（1950），等等。1969 年去世。

雅斯贝斯是一位精力充沛的多产作家。这里译介的《生存哲学》一书，系由作者 1937 年 9 月所作的三个演讲组成，篇幅不大，却概略地体现了作者系统的生存哲学的一些核心思想。作者曾经有言：真正的哲学直接产生于个体哲学家在其生存环境即历史环境中所遭遇的问题。实际上，他的生存哲学乃是对人的生存的危难极境所作的一种描述。这三篇演讲，由存在问题论及真理问题，进而论及现实问题，强调尊重理性、科学和事物的本质，主张从本原上去观察现实，通过内心行为去把握现实。在当时法西斯统治严重危及人的生存的情况下，以纯哲学的语言发出了注重人的生存、强调人的自由的呼声。

因此，我们认为，《生存哲学》是一本概括性地介绍作者本人全部哲学思想的著作。

目 录

导 言

生存哲学之为哲学 …………………… 003

哲学与科学 ………………………… 004

最近几十年的回顾 ……………… 005

科学的界限；——但科学是哲学思维的条件 ………………………… 010

哲学起源的独立性；——以及哲学作为一种完成了的形态出现的不可能性 ………………………… 013

讲题的提出 ………………………… 015

第一讲 存在论

对于大全的体验 …………………… 003

哲学基本活动的含义 ……………… 004

大全的几种样式 …………………… 006

哲学的决定 …………………………… 009
存在意识的变化 ………………… 009
可知性的含义 …………………… 010
向超越存在的飞跃 ……………… 013
哲学活动的抉择 ………………………… 015
人的可能性 ……………………………… 016

第二讲 真 理 论

真实性问题 ……………………………… 023
真理含义的多样性 ……………………… 027
一个真理问题 …………………………… 032
例外 ……………………………………… 037
权威 ……………………………………… 040
理性 ……………………………………… 049

第三讲 现 实 论

现实问题 ………………………………… 061
现实的后退 ……………………………… 061
现实的超越 ……………………………… 065
没有可能性的现实性 ……………… 066
历史性 …………………………………… 070
统一性 …………………………………… 073

对这种超越的体验 …………………… 075
哲学的基本抉择 …………………… 079
封闭于自身的内在存在还是突破
以趋向于超越存在 ………… 080
生活于世界之外还是生活于世界
之中 …………………………… 081
宗教的现实 ………………………… 082
纯粹的天启 ……………………… 084
纯粹的历史性 …………………… 088
纯粹的内在化了的统一性 ……… 090
对哲学的怀疑问题 ………………… 091

再版后记 …………………………… 101

导　言

生存哲学之为哲学

我应邀来讲生存哲学。现在有一部分哲学在使用这个名称。用一个有区别性的名称作为标志，应该可以把当前哲学的性质突出地表示出来。

所谓生存哲学，虽然只不过是唯一的古老的哲学的一种形态，但目前以生存二字当作标明哲学特征的名词，也并不是出于偶然。它强调指出了长期以来几乎已被遗忘了的哲学任务：从本原上去观察现实，并且通过我在思维中对待我自己的办法，亦即通过内心行为去把握现实。从事于哲学，即是想从关于事物的单纯知识，想从日常谈话的口头禅，想从约定俗成的和表现在外的东西，一句话，想从一切表面现象返回到现实。生存(Existenz)乃是指示现实的字眼之一，它带有基尔凯戈尔所强调的重点，它意味着，一切现实的东西，其对我们所以为现实，纯然因为我是我自身。我们不仅是存在在这里，而且我们已被赠与以我们的实存(Dasein)，已被赠与以作为实现我们的本原的基地。

早在19世纪，就已经屡次出现这种性质的运动了。人们盼望“生活”，盼望“体验”。人们要求“现实主义”，主张不要单单知道而要亲身经验。人们到处追求“本真”，寻找“本原”，企求成为真正的人，上等人。很显然，当时比往日对此更加坚决，而同时就是在最卑微的人身上，人们也能发现真实的和存在着的东西。

哲学与科学

如果说最近一世纪来整个时代特征已经有所转变，时代重心转到了平均化、机械化、人众化，已不再有任何个人的独立存在，而只还有任何人都能代替任何人的那种实存，那么，这种时代特征毕竟是一个足以令人觉醒的背景。在这种背景下，在这种无情的、使个人不成其为个人的空气里，那些能够成为他们自己的人们，都觉醒过来了。他们愿意严肃认真地生活；他们寻找隐藏含蓄着的现实；他们盼望认知可以认知的东西；他们试图通过他们对自己的了解达到他们的根源。

但是，就连这种思想，也常常被平均化而变成为一种极不严肃的现实蒙蔽，转化为一种嘈杂和伤感的情感哲学和生命哲学。所以，要求对存在进行亲自体验的意志，竟可变成了仅以对生机性的东西进行体验为满足；要求返归于本原的意志，竟可变成了一种对原始性（Primitivität）的追求，而对等级的鉴赏品评，竟可变成对真正的价值秩序的一种背叛。

在这样的时代里，现实主义表面上处于高涨状态，实际上现实是丧失了；由于意识到了现实的丧失，才产生出人类心灵的危机和哲学活动。对于这种现实丧失，我们并不打算就其全部加以概览，我们只想就其对我们的主题内容有本质重要的一个实例，即就我们对待各种科学的关系，历史地予以说明。

最近几十年的回顾

在20世纪初，哲学基本上自视为许多科学中的一种科学。它是一门大学学科，被青年学生当作一门有培养教育作用的课程选修着。课堂上有精彩的讲演，给哲学史、哲学专著、哲学问题和哲学体系描绘着清晰的轮廓，使青年学生隐隐约约感受到一种虽说时常是空无内容的(因为在实际生活里无效)自由和真实，同时相信自己的哲学知识正在逐步增加。青年思想家们于是就“继续前进”，深信有朝一日必能登上当代的知识顶峰。

然而这种哲学当时似乎对自己很缺乏自信，时代对于各种提供确切知识的经验科学给予无限的尊重，这就使哲学也想以经验科学为自己的榜样，也想通过同样的确切性来向科学审判法庭索回它丧失了的尊敬。所有的研究对象都已被各种专门科学分配去了，但哲学仍然想以整体为其研究对象，在科学之中争取一席立足之地。它以认识论来研究整个的认识(一般的科学事实，不是某一个别科学的对象)，以一种仿照科学理论借用科学方法设计出来的形而上学来说明整个的世界万物，以一种普遍有效的价值学说来规定整个的人生理想。这似乎是一些既不属于任何专门科学，而又有可能以科学方法进行研究的对象。但是，其所以令人产生出这一切想法的那个基本态度是暧昧不明的。因为，它既是科学的、客观的，同时又是伦理的、规范的。当然，它可以说，它要在“情感需要”与“科学结果”之间建立一种和谐一致；它最后还可以说，它只是想客观地理解可能的世界观和可能的价值；但即使这样，它也仍然会主张建立一种真实的、亦即科学的世界观。

所以当时的青年就不能不深深地陷入失望，发现这并不是他所想象的那种哲学。他由于热爱一种能说明人生的哲学，就不满意这种科学的哲学。因为这种科学哲学在它的方法之严谨及其要求人们进行艰苦思维方面，诚然还有令人敬佩的地方，诚然还有教导作用，但从根本上说，它太无关痛痒，太缺乏魄力，太不看现实了。他由于有追求现实的冲动，就不满意这种什么也不说而又在一切体系里都起作用的概念游戏，就不满意这种虚张声势而实际什么也不证明的证明。有一些人受了以经验科学自居的这种哲学里隐藏着的自我死刑宣判的暗示，就干脆去学习经验科学本身，也有人也许相信另外还有他还没找到的哲学，就把这种哲学抛弃了。

当时的大学学生在学了好几学期哲学以后，转到自然科学、历史和其他学科方面去，心情是多么兴奋啊！原来现实在这里！这里才能满足求知欲，看，这里有多少关于自然，关于人的实存，关于社会和关于历史的惊人的、动人的同时又令人满怀希望的事实啊！李比希(Liebig)在1840年对他研究哲学的经验所说的话，正说出我们当时大学生的心情："就连我也经历过这段在词句和观念上如此丰富而在真实的知识和踏实的研究方面如此贫乏的时期，它花费了我一生中两年的宝贵光阴。"

但如果这样去理解科学，以为在各种科学里已经含有真正的哲学，因而它们将会提供人们在哲学里没有找到的东西，那就可能出现两种错误的态度。第一种，有些人盼望科学是一种说明人生目标的科学，是一种能够鉴定价值的科学；他们根据科学来推论正当行为；他们自称通过科学能够认知那虽与内在于世界的事物有关而事实上属于一种信仰内容的东西。另一种态度正相反，这些人怀疑科学，因为它并不说明人生的旨趣所在，尤其是因为科学的反思将使生活陷于瘫痪。所以，对待科学的态度就摇摆于迷信科学与敌视科学之间，前者把所谓科学研究成果当成绝对的出发点，后者则认为科学毫无意义而加以否认，认为科学有破坏作用而加以反对。然而这两种迷误毕竟只是附随现象。事实上，从科学自身中产生出了力量，它们由于对知识进行清理，使知识仅限于是知识，这就主宰了科学，成了科学的主人。

因为，如果过多地肯定科学里的一些缺乏证明的东西，如果过分信任地把概括性的理论当成一种有关现实的绝对知识，如果过多地将没经过反思的自明的东西认为是有效准的东西，比如认为自然是一个机械结构这样的基本观念，以及像说历史必然性是可认知的这样的论点等等，固然会使被抛弃了的坏的哲学以更坏的形态重新出现于科学内部，但是这样，毕竟在科学自身就有了批判——这是伟大的和新添的东西——开始在发生作用，而这种批判又不是那种永远得不到一致的哲学循环论战，而是有效的、逐步得出一切人都承认的真理来的那种决定性批判。这种批判摧毁错觉，以便更单纯地掌握实际可认知的东西。

于是就产生了一系列打破一切教条的伟大科学成就。在本世纪初年，于发现放射作用和创立量子学说的同时，在思想上机械自然观也开始动摇，这就使绝对化了的思想结构开始相对化。从那时起，就开始了直到今天还正处于继续发展中的具有发现能力的思想，这些思想不再把自己封闭在一种自在存在着的和被认知了的自然事物的狭小天地里。以前人们以为，要么认为自己所认知的即是自然的现实本身，要么相信自己所处理的只是为了以最简便的方式来描写自然现象而制造出来的虚构，二者必居其一，但现在这种非此即彼的情况消除了：正是因为打破了一切绝对性，人们达到了可以进行研究的现实。

在各种科学里，都有虽说规模不如此巨大而性质却相类似的变化：任何绝对的前提都垮台了。比如在精神病理学里，19 世纪时有一个教条说："精神病即是脑病"，现在这个教条成问题了。恰恰是由于放弃了这个束缚思想的教条，才逐渐展开了实际知识，以代替那种几乎神话式的虚构：硬说精神病总是由完全还不知其为何物的某些大脑变化造成的。研究工作的出发点，是要认识精神病与脑病的相关究竟有多大，从而学会不受先入为主的成见影响。人并没有故步自封，结果是人大大扩大了关于人的实际知识。

有些伟大的、令人敬佩的研究工作者，他们在自我批评方面非常严格，同时在他们的科学发现方面也非常成功。

马克斯·韦伯曾揭露一种错误看法，按照那种错误看法，人们通过科学，比如国民经济学和社会学，就可以把人应该做的事推断出来并且加以证明。遵守科学方法的科学在认识事实和可能性，而要想对事实和可能性得到客观有效的认识，从事研究的人就必须在认识活动自身中把他那些能够有效地给予推动力并使之目光了亮的评价、特别是他的愿望、他的同情与反感等停顿下来，以便重新把因好恶爱憎等等而产生的蒙蔽与偏见取消掉。只有不涉及价值的科学，才是道道地地的科学。但是，这种不涉及价值的科学，如同马克斯·韦伯所指示的，在选择其问题和对象的时候，整个说来仍然不能不受它自己所能够加以直观的那些评价的左右。在认识过程中，一方面有迫切想评价的热情——评价对于人生是头等重要的，而且只有通过评价才能说明为什么要有科学——另一方面又有停顿评价的自我克制，这两方面合在一起，才构成科学研究的力量。

这样一些科学研究经验，既告诉我们有可能获得一种在当时完全确切的具体知识，同时又告诉我们不可能在科学里找到人们在当初的哲学里没找到的东西。凡是在科学里寻找他的人生意义、他的行动指南、寻找存在本身的人，都不能不大失所望。

于是只好回过头来，再请教哲学。

科学的界限；——但科学是哲学思维的条件

我们今天的哲学，乃是接受了科学的这种经验之后的哲学。因对腐朽的哲学感到失望而走向实际的科学，又从科学重新返回真正的哲学，这乃是一条弯路，它必然要在形成今天可能的哲学方式时起着决定性作用。所以，我们叙述返回哲学的这节道路之前，应该实事求是地把当前哲学对科学的很不明确的关系加以规定。

首先，科学的界限明确了，可以简述如下：

（1）科学的事实知识并不是存在知识。科学知识是特殊的，是关涉一定对象而不关涉存在本身的。因此，从哲学上看，科学正是通过有知而最坚决地认识到无知，即是说，它认识到它对于存在自身是完全无知。

(2) 科学知识不能给生活提供任何目标。它提不出有效的价值来。它作为科学不能负起指导责任。它只能以它的明晰与坚定指出我们的生活另有一个起源。

(3) 科学不能回答关于它自己的意义问题。有科学，这是由于有一些冲动在推动科学活动，而这些冲动本身并不能科学地证明自己是真正的和应该的。

与科学的界限一样，科学的积极意义和科学对哲学之绝对必要性也是很清楚的。

第一，科学在20世纪里无论在方法上或在批判上都已变得纯粹了(即使科学研究工作者之能完全实现这一点的也还不过是少数)，变纯粹了的科学通过它自身与哲学的鲜明对比，第一次使人有可能认清和克服哲学与科学的混淆。

对哲学来说，科学这条道路是不能缺少的，因为只有认识了科学道路，才能防止在哲学里再一次——不纯洁地和主观地——保留下本应属于确切的科学研究的事实知识。

反之，哲学的明见，对生活和对真正科学的纯洁又是不可缺少的。没有哲学，科学就不了解它自身。而且甚至研究工作者，一旦没有哲学，那么，即使由于了解一些伟大科学家而还能暂时继续钻研一些专门知识，终必陷于不知所措。

现在，既然哲学与科学一方面彼此互不可缺，另一方面又不能再混淆不清，所以今天的任务就是要在它们区分开来以后使两者达到真正的统一。哲学思维与科学思维既不能是同一个东西，又不能互相反对。

第二，只有从事研究从而提供有关事物的必然知识的各种科学，才会给我们带来现象事实；依靠这些现象事实，我们才能到处都明确地知道：它是这样的。如果从事哲学思维的人不深入到科学里面去，没有对世界的明晰认识，则他始终像是个瞎子。

第三，哲学思维既然不是梦想而是真理的追求，它就必须采纳科学的态度或者说科学的思维方式。科学态度的第一个标志是经常地对必然性知识进行区别，即知道达到该知识的道路，和知道该知识的意义的有效范围。科学态度的另一个标志是研究工作者准备接受对其论点的任何批评。对研究工作者来说，批评是一个生死攸关的条件。为了检查他的见解，他永远要做质疑和批评的对象。对于一位真正的科学研究者来说，即使听取了不公正的批评，也能产生积极的效果。谁逃避批评，谁就是不想真正有知识。——丧失科学态度和科学思维方式，同时也就是丧失哲学思维的真实性。

所有上述种种，都说明哲学离不开科学。哲学理解科学，经过哲学的理解，科学的意义才真实地表现出来。哲学如果生活在科学里，它就能打破科学里一再发生的独断主义（这是一种不明确的代用哲学）。而首先它将是有意识地维护科学精神和反对非科学精神的保证人。哲学地生活，总是与盼望无穷无尽的科学知识这一思想分不开的。

哲学起源的独立性；——以及哲学作为一种完成了的形态出现的不可能性

我们明确了科学的界限和意义，同时也就看出了哲学本原的独立性，哲学本原，在光亮的科学领域里，每作任何过早的肯定都要遭受科学之光的尖锐批判，但是，它却领会到它自己是独立的。必须首先有了这种领会，那唯一的古老的哲学才通过其种种伟大的表现而重新向人们说话。当古老哲学重新说话的时候，就仿佛早已熟悉的一段词句，从意义隐晦之中重新显豁起来，一时含义大白，就仿佛人们现在用新的眼光才真正看懂了它。只有这样，康德、黑格尔、谢林、尼古拉·冯屈斯、安塞姆、普鲁丁、柏拉图等等，才重新呈现得那么显豁，以致令人深深体会谢林所说哲学是一个“公开的秘密”这句名言的真实性。人们可以很熟悉一段词句，分毫不差地复述出它的思想结构，却倒不能了解它。

从这个本原上，人们可以经验到科学所不能告诉我们的东西。因为完全使用科学的思维方式和完全根据科学的知识，哲学就不能成为现实的，就不成其为哲学。哲学要求另外一种思维，这种思维，在提供知识的同时，也提醒我，惊觉我，使我回到我自身，改变我。

但是，当我们新发现古老传统是哲学的本原时，我们又立即看到，我们不可能在过去的时代里找到现成的真正哲学。旧日的哲学，照它原来的那个样子，不能成为我们的哲学。

如果说，我们把旧日的哲学当作我们哲学思维的历史起点，并从对它的研究中发展我们自己的哲学思维，因为我们自己的思维只有在与先代哲学家的交往中才能达到明晰，那么，哲学思维就应该说在每一个时代都是重新起始的，它必须在每一个时代按新的时代条件历史地实现它自己。

当前时代的新条件中，最显著的，是我们上面谈到过的纯粹科学大发展。哲学已经不能再保持着它的朴素状态而同时还能是真实的了。哲学和科学虽然当初曾是一个朴素的统一体，虽然这个朴素的统一体曾是一个无比深透的、象征当时精神状况的真实的密码，但是现在，它只还可能是一个模糊的混合体，因此，必须被彻底地克服掉。这样，由于科学对其自身有了理解，哲学对其自身也有了理解，自觉性就大大提高了。哲学一定要跟科学一起，使那出之于科学以外的另一个本原的哲学思维得到实现。

所以，现在的哲学也许很能了解苏格拉底以前那些哲学家们的崇高和伟大，但是，它虽然体会到他们那里有一种不能代替的驱动力或冲动，却不能走他们的道路。它也不能停留在哲学幼稚时期问题的深刻朴素性中。为了保全深刻的朴素性，——这是大部分儿童一旦长大就自然会失掉的——它必须在今天既成的现实里面和现实的复杂表现里面找出迂回道路和得到磨炼考验。而今天任何地方的现实，如果不包括科学，就不能再继续是真正的现实，也将不能成为完全显现的现实了。

所以，本原的东西虽然凭借旧日的词句朝向我们说话，而旧词句所表达的学说我们却不能接受。历史地理解前代人的学说外形，与吸取一切时代的一切哲学里所呈现的内蕴，乃是两回事情。因为只有这种吸取，才是我们所以可能历史地理解远在他方并已化为异物的东西的根底。

讲题的提出

现在的哲学思维是从它自己的本原里，即从单由科学所不能发现也不能达到的本原里自觉地产生出来的：

现实只有通过思维这一内心行为才能被找到。在一切事实里运用这种思维，都为的是要超越它们而达到真正的现实。

这种现实不能还像在科学里那样被发现为某种一定的知识内容。哲学也不能再提出关于在客观统一性中的存在整体的学说。

这种现实又不能保证一定会呈现在单纯体验得来的情感里。现实固然要通过情感并带有情感，但毕竟只在思维里才能得到现实。

从事哲学思维总迫切要求达到这样一种境界，在那里，思维变成对现实自身之体验。可是要想达到这样的境界，我就必须单单从事于思维，切不可在这种思维过程之中变成为现实的。在这种临时性的准备性的思维过程中，我体会到一种多于思维的东西。

把这种思维按照方法步骤加以客观化，这就是哲学。可是今天，我既不能总结现在号称为生存哲学所完成的成就来给哲学制造一个概念，也不能总结我自己的哲学来给哲学下一个定义。我只能以举例的方式讲述几个它所涉及的基本思想。我想谈谈下面几个问题：

第一讲里，存在问题。存在是指无所不包的大全所代表的那个至大无外的空间，在这里面，为我的存在，对我们当下现在着。

第二讲里，真理问题。真理是指达到向我们显现的存在的道路。

第三讲里，现实问题。现实是指那作为目标与起源的存在，在这种存在里，我们的思维与生活，一切归于静止。

第一讲

存在论

对于大全的体验

存在问题的第一个回答产生于下述的基本经验：

不论什么，凡是对我来说成为对象的，它就是许多其他存在中的一个有规定的存在，它就只是存在的一个方式。当我思维存在的时候，比如说，把它当作物质，当作能力，当作精神，当作生命，如此等等——所有这些可以思维的范畴都已尝试过了，——我最后总是发现我已把出现于整个存在之内的某一有规定的存在方式绝对化了，使之成为存在自身。但是，任何被认识了的存在，都不是存在本身（das Sein）。

我们好像永远是生活在我们知识的一个视野里，而我们又迫切要求越过每一个包围着我们妨碍我们展望的视野边线到它外面去。但是我们永远达不到一个在那里不再有视野边际的地点，可以让我们从那里出发，对于那个此时已没有边际、因而不复更有外边的、封闭的整体作一个概览。而且我们也不能到达一系列地方，就像环游世界那样，一面移动地点，一面不断突破着视野，从而走遍这全部地点，也就对这整个的封闭的存在有个认识。对我们来说，存在永远没到尽头，永远是没封闭的；它把我们引向四面八方，而四面八方都是无边无际。它永远让我们发现还另有新的有规定的存在。

这就是我们的前进不已的认识进程。当我们在这个进程中反思的时候，我们就不免要追问什么是存在自身，因为它在一切逐步显现的东西都显现了以后似乎永远只往后退，远离我们。这个存在，我们称之为无所不包者，或大全（das Umgreifende）；它不是我们某一时候的知识所达到的视野边际，而是一种永远看也看不见的视野边际，一切新的视野边际却倒又都是从它那里产生出来。

大全是那样一种东西，它永远仅仅透露一些关于它自身的消息——通过客观存在着的东西和视野的边际透露出来——，但它从来不成为对象。它是那样一种东西，它自身并不显现，而一切别的东西都在它的里面对我们显现出来。它同时又是那样一种东西，由于它，一切事物不仅成为它们各自直接显现的那个样子，而且还都继续是透明的。

哲学基本活动的含义

有了这第一个思想，我们就完成了一个哲学的基本活动。凭借它，我们盼望能把我们自己从我们根据一个知识而产生的存在意识的枷锁（其形态可以一再翻新）里解放出来。它是一种简单的思想，但由于它打开了最广大的远景，所以这种简单思想同时又仿佛是永远不能完成的。

因为我们离不开我们的思维形式，而按照我们的思维形式，不论我们想认识什么，我们必须把它变成与我们相对的某个对象或客体。因此，如果我们想思维大全，则大全也立即变成对我们来说客观的东西，譬如说，大全是世界，大全是我们人的实存，大全是一般意识。所以当我们清晰地思维大全的时候，我们实际做的事情恰恰是在思维它时所应该克服的事情。如果我们想把大全视为万物的根底，我们就决不可再把任何一种客体或对象当作大全。可是既然我们思维它，我们毕竟无可避免地要利用有规定的存在内容来思维它。而在思维的完成过程中，即当我们领会存在自身时——存在自身不再是一种有规定的存在——，这些有规定的存在内容就应该消失掉。所以，任何一个谈到大全的命题，本身就包含着一个意义矛盾。而且，假如说人有可能以客观的形式思维非客观的东西——事实上这正是哲学活动的一个基本任务——，那么任何一个命题也就无可避免地含有一个被误解的可能性，那就是说，人们就会拘泥于孤立命题的字句，得到一个关于大全的假知识，而不去在一个转身回头的思想里领会这个大全。

按照我们已经习以为常的认识来说，在矛盾逻辑上行不通的、不能完成的事情，在哲学上却行得通、可以办到，即是说，我们就有一种与一切特定的知识不可相提并论的存在意识明亮起来，我们进入了可能性的最大空间。我们所认识的一切存在物都因与这个空间有了关系而获得一种深远含义，它们都是从它那里向我们显示其自身，借此向我们透露存在，其自身却并不就是存在。

大全的几种样式

大全还需要进一步的说明。我们必须创造语言，有了语言，后面才好明确地提出真理和现实两个问题。彻底地发展哲学思维的这一套预备条件，那是哲学逻辑的任务之一。在这里，我们只要谈一个简略的轮廓，以便标明我们在下一讲里用以指示大全的几个字眼——即世界、一般意识、[人的]实存、精神、生存(Existenz)、超越存在(Transzendenz)——的意义，就足够了。

单一大全，一旦我们谈论它——谈论是为了弄明白它的内容——，就立即因某些现象的客观性而分裂成为不同的大全样式(die Weisen des Umgreifenden)。这些样式之各不相同，当我们跟随着下列思想步骤逐步前进时，我们就能看得出来。

第一步：

康德理解到，世界不是我们的认识对象，而是一种观念，即是说，我们所能认识的一切事物都在世界里，决不就是世界本身；而且，如果我们想把世界当作一种自在存在的整体来认识，我们就陷入于不可解除的矛盾——二律背反。

康德还理解到，我们的一切对象存在，或者说，一切为我们之对象的存在，都受从事于思维的意识所制约（比如，客观事物的统一性是受产生这一种统一性的那个一般意识的统一性所制约）；或者换句话说，一切“为我们的存在”都是“自在的存在”的现象，因为都要呈现于那包罗着一切为我们的存在的一般意识之前。“先验演绎”所作的推论，都是从一个存在意识上发展出来的：通过对一般意识这个大全的了解，它们才产生对世界万物现象性的认识，并予这种认识以阐明。

这样，大全就出现了两个样式。一个是存在自身在其中显现的那个大全，叫做世界，另一个是即是我和即是我们的那个大全，叫做一般意识。

第二步：

我即是大全，这个大全叫一般意识，但我这个大全不仅只是一般意识，我还是一个支持着意识的客观存在。为了返回现实，就要从空洞的意识前进一步走到现实的人的实存，这种实存有始有终，有自身还有环境，在它的环境里，或者艰苦卓绝以坚持奋斗，或者心力交瘁而逆来顺受，既有快乐也有痛苦，既有恐惧也有希望。而且我还不仅只是实存而已，现实的我又是一个精神，凡意识所思维的东西和作为实存的那些现实的东西，一切一切，都能被吸收到这个精神的各种观念性整体(ideelle Totalitäten)里。

第三步：

所有这些大全样式毫无疑问，都是当前现在的东西。它们包括全部的内在存在(Immanenz)，一方面是作为我自己的内在存在：实际存在或实存、一般意识、精神，另一方面是作为我的对象的内在存在：世界。现在进一步的问题是，这内在存在是自满自足的呢，还是指向着别的什么？事实上，人已经完成了他从内在存在出发的向上飞跃，那就是，从**世界**向**上帝**和从自觉的精神的**实存**向**生存**的飞跃。生存乃是自身存在，它跟它自己发生关系并在其自身中与超越存在发生关系，它知道它自己是由超越存在所给予，并且以超越存在为根据。

无所不包的大全，就是这样按照它在我们上述的这三个分化步骤而发展出它的不同样式的：**第一步**，从一般的大全分解为**即是我们**的大全和**即是存在自身**的大全；**第二步**，从即是我们的大全里又分解为即是我们的实存、一般意识、精神；**第三步**，从内在存在达到超越存在。

所以这种划分，并不意味着是从一个原理引申出来的一个不能不如此的推论，而是对于边界所作的一个提示。这只意味着我们把存在原来借以显现的各种样式接受下来而已。

哲学的决定

让我们对上述种种的意义考虑一下。阐明大全和大全的样式，如果真正做到了的话，就会产生一种影响着每一种认识的意义的作用。因为经过这样的阐明，那些关涉到我们本质中一切因素的哲学决定或哲学抉择，都将明白起来：

存在意识的变化

（一）哲学的基本活动使我的存在意识发生变化，我的存在意识变化以后，整个的存在就不再能以本体论从概念上加以认知，而归根到底，只能作为至大无外的空间和作为一切存在在其中向我们呈现的那些空间而加以照亮了。如果说本体论曾把存在理解为一全套客观事物或意义单位，那么现在，从康德起，任何这样的本体论都被抛弃了。保留下来的只是我们必须在它们那里才能找到存在的那些空间。对从前的本体论来说，万物都只是那些被思维的东西；对哲学来说，万物同时又都被大全所渗透，或者说，万物有就像没有了一样。本体论之说明存在，是把它论述存在时所设想的存在还原到一个最初的存在；哲学活动则先对大全作一种说明，凡以后在论述存在时可能谈到的都以这个大全为根据和本原。本体论试图作一种客观的说明，即是说，本体论指出一种在内在性思维（immanenten Denken）中直接可以看得见的东西，哲学活动则是间接地在超越性思维中触及存在。本体论好比是静止的范畴排列起来的一张表格，对大全的阐明则好比是由指示线交织而成的一纸飘忽不定的示意网。

在阐明大全的样式的时候，必不能免地要产生一系列的**假本体论**。我们要掌握这些假本体论，因为它们的概念性能给我们提供语言，但是，在哲学思维的活动过程中，它们的本体论意义要立即复归于消灭，以便使思维的结果不是产生出一种关于什么东西的知识，而是呈现出一个色彩特异而永无尽头的空间。

可知性的含义

（二）为我们的存在（亦即我们所认识的存在），如上所述都呈现于示线交织而成的示意网中，这示意网，一方面给认识敞开道路，使之在一切对象中可以畅行无阻地前进，但另一方面又给它在大全那里设下一条不可逾越的界限，使认识因这条界限而同时又丧失了它的意义。

这一点对于**认识人的现实**来说具有后果丰富的含义。我，作为实存和精神，本是大全，而我这个大全作为人的实存和精神出现于我面前而成为世界现实时，它就变成客观的，因而就成为研究的对象。但是，关于［人的］实存的科学和关于精神的科学，并不是关于大全的知识，而毋宁是一种关于这样一种现象的知识，这种现象，其存在就是或者可以是我们自身。因此，达到这个存在，我们就有两条互相联系着的通路：通过对它的现象的认识和通过对它自身的体会。

一切样式的大全，当它们变成研究对象而且仅仅是研究对象时，就好像消沉自毁了；当它们以研究对象的形态而成为可看见和可认识的东西时，就好像气绝身死了。无论如何，科学知识的对象究竟具有什么现实性质，是一个值得讨论的问题。这个问题从反面说起比较容易：

人类学并不认识人真实的活生生的实际存在或实存。我们自身，作为无所不包的大全，是个活生生的实存，活生生的实存确实含有生物学上可认知的东西，但这些东西只是它的一种透视像，或者说，只被它当作一种手段。至于我们研究我们自身这个大全，则是这样进行的：我们把我们的实存当成我们的对象，从而作用于它，和它打交道，但在这样做的同时，我们却必然从它那里听到说：我们永远不能得到它，——也有一点例外，那就是，我们可以在其尚未被接触到时就把它破坏掉。

艺术学，作为科学，并不把握真正的艺术现实，即是说，并不把握在艺术里被体验到和被表现出来的那种真实的东西。那种比如说客观上被称为“表情”的东西和关涉到一种“人生情感”或一种人物个性的东西，才是真正出之于本原，而对可能本原的报告，才是无所不包的现实。

宗教学，如宗教史、宗教心理学、宗教社会学等，并不把握宗教的现实。宗教科学可以认识和理解各种宗教，而作此科学研究的人自身，并不一定要信仰任何一种宗教。真正的信仰不是可认知的东西。

大全并不给我以可知性，它让我保持着我的自由。但是知识或者说被认知的东西，如果它的内容竟而被我当成了现实自身，它就牵引着我围绕现实转圈。积极地将被认知的东西加以发挥，乃是每一种科学里面的一项哲学任务。一切根据我的知识采取的措施，归根结底都依靠视而不见、听而不闻的大全，比如，疾病的医疗是依靠人的看不透的生命，人的实存里的有计划的改变是依靠真实的、永远无法洞悉的信心和依靠人这一高等的无所不包的（或，万物皆备于我的）本质。因此，一切真实的行动都同时在受着这个大全的指导，而这个大全又决不排斥知识。因为我们可能取得的知识决不因我们体会了大全而被取消，相反，这种知识由于被相对化了就得到我们从一种新的深度出发的把握；因为它这个无边无际的认识活动此时被我放进了这样一个空间，这个空间虽然不能被认知，它却显现为一种好像在透视着一切被认知的存在的东西。

任何被认知的存在都不是存在。作为被认知了的我，我决不是我自身。作为被我认知了的存在，这存在决不是存在自身。一切被知的存在都是一种形成了的存在（Gewordensein）。

形成了的存在是一种经过了特殊把握的东西，但同时又是一种蒙蔽性和束缚性的东西。人必须重新突破像它这样一种封闭；但只有对日趋特殊的知识作毫无保留的和实事求是的掌握，才能同时在这种突破中找到内容实质。

向超越存在的飞跃

（三）一个根本性的抉择是，究竟我是否在我从事哲学思维时心目中始终记住全部的大全样式。通过个别的样式以把握真正的存在似乎不是不可能的，如个别地通过世界、一般意识、实存或精神，或通过其中某几个样式，也似乎可以把握真正的存在。但这样，每次总要产生不真实的东西，并且要丧失现实。

但是，在这些抉择之中影响最深刻的一个抉择是，究竟我拒绝从全部的内在存在之间超越存在飞跃呢，还是以完成这个飞跃为哲学思维的终结呢？

这个飞跃，是从一切有时间性的可经验的和无时间性的可认知的存在（因而永远仅只是现象）向真实的和永恒的存在自身（因而是在时间实存［Zeitdasein］中不能认知的东西，虽然我们只能在时间实存中才能对它有所言说）的飞跃。

这个飞跃，是从我们作为实存、意识、精神而即是它的那种大全向我们可能是它或作为生存而真正即是它的那种大全的飞跃。因此它又是从我们当作世界而被认识了的那种大

全的飞跃。因此它又是从我们当作世界而被认识了的那种大全向那即是存在自身的大全的飞跃。

这个飞跃决定着我的自由。因为自由是通过超越而达到超越存在。

诚然，在内在存在中已经就有某种看来类似于自由的东西，譬如说，当我把我作为实存和精神而即是它的那种大全跟它的可认知性两者并不视为等同的时候，似乎就有自由，但是，这只是使实存和精神这种大全得以继续敞开着的一种相对的自由。

诚然，也还有思维的自由(Freiheit des Denkens)。思维自由可以上升为能够无视一切(Absehenkönnens von allem)的绝对自由，这是一种否定的自由。但是，肯定的自由，另有起源，不出于思维，它只产生于在飞跃中所达到的生存(Existenz)。并且，一旦思维的无视范围扩展到生存本身和超越存在时，这种自由就自行消失。除非我背叛我并使我沉入空虚，否则我就不能无视我这个可能的生存，并且也就不能无视超越存在。

因为生存的自由(Freiheit der Existenz)只于我和致使思维(航行)搁浅的那个本原同一起来浑然一体时才存在着。对我来说，这种自由转瞬之间就会化为乌有：即当我离开本原而重新坠入于内在存在时，或者换句话说，当我重新坠入于关于一个普遍的、必然的和可认知的整个存在(世界、人的实存、精神)的虚假思想时，我舍弃了我的自由，这种自由就化为乌有了。

因此，在这里，即是说，在向超越存在超越的这种飞跃中，我的本质自身就在思想里作了根本性抉择，这是我的本质的现实所作的根本性抉择。

哲学活动的抉择

在大全的样式里进行哲学活动，乃是一种**抉择**行动。这是存在意志的抉择，它决定在我确切地掌握了有规定的存在知识之后再摆脱这一切有规定的存在知识，以使我能够真正地达到存在自身。

这个抉择是：究竟我是否不在一种言之成理的存在知识里感到心满意足，而要在未封闭的、包括着一切视野的、本身却绝无视野边际的空间里去倾听那向我诉说着的声音，去窥视那指示我、警告我、诱惑我——以及也许向我透露关于存在者的消息的那些闪烁之光呢?

这个抉择是：究竟我是否要确信那对一切显现为存在之代表的反思(Reflexen)即是存在，并且是否永不离开这条唯有我才可通行的内在道路，仿佛这样我就能径直地踏上存在的基地呢?

这个抉择是：究竟我是否要这样坚持下去直到我在即是

我自身的这种可能生存的基地里体会到那支持我的唯一据点，超越存在呢？

这个抉择是：究竟我是否不在某一种存在学说里去寻找欺骗性的安身立命之所，而在始终敞开着的大全里去实现和完成作为历史现象的我自身和其他的自身呢？

人的可能性

大全的样式阐明人的可能性的一个基本特征。

当然，我们很想看见人的理想。我们很想在我们设想的东西中重新认出我们应该是个什么和按照我们已经晦而不彰了的本原可能是个什么，这就是说，我们很希望我们能因明确了理想人生的观念而在想象的形象中确知我们的本质是什么。

然而任何想象出来的和任何看得见的人生形象都缺乏普遍有效性。形象只是历史性的生存的一个方面，而不是生存自身。而且任何想象出来的关于完满人生的形象，从思想来说，都是残缺不全的，而从现实来说，都是不能完满实现的。

因此，我们诚然是受着理想的指导，理想在我们的航程上起着航海指标的作用，但它们并不就是我们的目的地和休憩所，我们不能在它们那里停靠。

一切理想，像其他的客观认识了的东西一样，都融化于大全之中。哲学思维活动就是要超越一切理想——即使仍然要通过它们并以它们为经常的据点——而指明大全这一永恒的空间。作为一个人而存在，就是要争取去**意识这个至大无外的空间**，因为正是大全，使我们随时清醒地察觉到我们**自己的可能性**。我们之所以存在，固然全靠我们永远以我们当时见到了的理想为尺度去采取最切近的行动，但是对大全进行思维，既然能扩展这个空间，扩展我们的境界，那就会敞开我们的灵魂，使之察觉本原。

因为人之所以为人的本质，不仅在于他的可加以确定的理想，而首先在于他的无穷无尽的任务，通过他对任务的完成，他就趋赴于他之所自出和他之将返回的本原。

人的本质不仅限于作为世界上的一种生物而可以由人类学加以研究的那种东西，也不仅限于他的实存、他的意识、他的精神。他是这一切样式，而如果缺少了他这些存在样式中的任何一个，他就归于消灭或趋于枯萎。

但是当我们作为有限的、在时间中的实存而仍然受着蒙蔽的时候，当我们一时还不得不以临时性的东西聊以自足的时候，毕竟在我们自身就存在着一种潜伏的而在紧要关头就可以被我们感觉到的无底深邃无边广大的东西，这种深邃广大的东西渗透于大全的所有样式之中，并通过这些样式而能为我们所确知。谢林曾经称它为我们的“与闻于世界之创造”（Mitwissenschaft mit der schöpfung）——意思仿佛是说，在我们的根源里我们曾经参与或知道万物的本原，而在我们的世界这个狭窄范围里我们就忘记了。我们从事哲学思维活动，就在于唤醒我们的回忆，从而让我们返回本原。不过，体会大全，虽是打破我们的世界这个狭窄范围的第一个步骤，却还只是一个否定的步骤。

通过这样的步骤，毕竟仅只抽象地导向一个玄远而深奥的空间。那么它究竟继续是空虚的呢，还是在它里面的存在会走向我们，呈现出来呢？事实上，对这个广大空间有所意识，这本身还并不足以使它充实起来，而只不过是使之充实的推动力而已。所以我突入于大全的空间之后，还有两种可能性：

或者是，我坠入无限的无底深渊，即是说，我处于虚无之中，因而我只通过我自己而成为我可以成为的我。如果这种对我的颇成疑问的本质的思想所起的作用不是自行挥发的，愈来愈变微弱的，以致不能使我终于丧失我对存在的一切意识，那么它所起的作用就是使我产生信仰狂热的，以便使我在看不见大全而只看见虚无的情况下将我自己从一种强制理解了的有特殊规定的东西里拯救出来。

或者是，由于体会到大全而产生出可以无限进展的洞见能力和心愿。这样，在大全中的存在就从一切起源上走向我，呈现在我面前。我自己就变成为被赠与给我的我。

这两种情况都是可能的：或许我在我自己的实质之丧失中体会到虚无，或许我在我之被赠与（Mirgeschenktwerden）中体会到大全的充实。

我不能强使这两者中的任何一种情况出现。我只能保有意愿上的真诚，我能准备，我能回忆。

如果没有什么向我呈现，如果我不热爱，如果存在着的东西不因我的热爱而向我展开，如果我不在存在的东西里完成我自身，那么我就终于只落得是一个像一切物质材料那样可以消逝的实存。但是因为人决不仅只是手段，而永远同时是终极目标，所以从事哲学思维的人，面对着上述的种种可能性，在虚无的经常威胁下，总愿意体会到出之于本原的充实。

第二讲

真理论

真实性问题

真理这个名词具有无比的魅力。它显然暗含着我们人生的真谛之所在。损害了真理，则一切靠损害真理而赢得的东西也就统统为之败坏。

真理能引起痛苦，能使人灰心绝望。然而它，不问内容如何，单单由于是真的，也就能令人深得安慰了，因为：真理毕竟是有的。

真理给予鼓舞。不管在什么地方，我只要接触了它，心里就滋生出冲动，不能自已地追求它。

真理提供依靠。它是一种不可摧毁的东西，同存在(Sein)结合着的东西。

然而真理这个对我们保持强大吸引力的东西，它究竟是什么——这里说的不是指某个特定的真理，而是指真实性或真(Wahrsein)本身——，倒是一个疑问。

真理毕竟是有的——当我们这样想的时候，仿佛这是不言而喻的事情。对于我们觉得毫无疑问的那些事物、事件、情况，我们就听到大家说它们是真理。我们甚至相信真理终究会在世界上取得胜利。

但是我们感到震惊的是，几乎看不到哪里存在着什么可靠的真东西。比如说吧，流行的意见，大部分都表明有寻求依靠的需要而已：人们宁愿找到一个固定的东西好让自己的脑筋得所安息，而不愿冒无止无休一直思维下去的危险。而且，人们说出来的意见，大抵是不确切的，表面看来很清楚，实际上表达的首先是些掩饰起来的关于实存的或实际生活上的利益。在公开场合里，人与人之间是那样不信赖真话，以致为了提出一项真理主张，非请律师出来不可。还有一点，要求成为真理，现在也已成了假话的一种斗争手段。真理是否站得住，显然取决于有利的偶然因素，而不是真实性本身。并且一切一切最终都要由料想不到的东西来决定。

假如真实性是独立自存的、可以同它的实现分割开来的，那么在心理学和社会学的事实里，所有上述那样缺乏真理的事例，就都可以不涉及真实性本身了。然而，独立自存的真，也是可以成为疑问的。因为，当我们觉得一个真理十分重要，以至于觉得它的内容是我们的信仰的根据，一切似乎都要靠它时，恰恰在此时，我们尽管毫无保留地愿意并毫无阻碍地准备就它取得一致意见，我们却会感到要在它这个真理上达到一致意见是不可能的；而我们对这个不可能性的感觉，就会促使我们对一件现存事物是否具有流行意义下的真实性发生怀疑。真理或者说真实性，也许就其本性而言，是根本不能明确地一致地加以表述予以言说的东西。

支持我们生活的确切无疑的真理，在别人看来，竟可觉得是假的。在我们西方世界里，我们经常听到出自不同来源因而互相抵触的意见及其在群众中酝酿出来的那些震耳欲聋的喧嚣。

由于认识到这种情况，人们倾向于得出这样的结论：真理是没有的。人们不承认真理是独立自存的东西；人们总是从某种别的东西里推论引申出真理来的，以为只有以这某种别的东西为条件，真理才是真理。

因此，思想史就贯穿着这样的反反复复：首先是主张有绝对真理，然后是怀疑一切真理，与两者并存的是任意地诡辩地利用假真理。

真理问题是一个使哲学思维晕头转向的问题。一琢磨这个问题，真理的上述那种迷人的光辉，就为之黯然失色了。

由于混乱，我们很快就认为自己有了可靠的基地：当有些陈述是以既有的直观和逻辑的明晰为根据时，我们就把这些**陈述的效果**当成明白无误的真理。尽管有人挖空心思百般怀疑，我们毕竟找到了在方法上已经精炼过了的科学这一对象。通过我们的理智，我们体会到科学成果不能不有的可理解性，从而也体会到懂得科学的每个有理智者对于科学成果的实际上的普遍承认。存在着一个诚然很狭窄但并无固定界限的有效真理的王国，这是一个在一般意识看来包括着正确东西的王国。

一个科学研究的领域，越是数学化，其所作断言的逻辑关联，就越是彻底；可是，高度发展了的洞察力，也就越会看出，其逻辑强制性归根结底全在于事情自身。真理存在于这种逻辑分析所隐含的前提里；真理所以为真理，从本质上说，首先是由于它的内容。

而这种内容，要么是经验性的，即是说，作为可感觉的、可测量的东西等等，是明白无误的，然而即使这样，从逻辑上说，它也仅仅是一种姑且承认下来的东西。要么，它根本不具备这种迫使人人都承认的强制力量，而毋宁是从完全不同的来源成长起来的东西；从这些不同来源产生出种种无条件的内容，负荷着一个个生命——但不是以同一方式负荷着每一个生命——，从而也把自己在断言中显露出来。

如果说“一般意识”这个科学领域同时就是我们觉得通过言说就一切都可了如指掌的那个领域，那么，它的有强制力的正确性也决非从来就是如此。真理毋宁是从大全（无所不包者）的一切样态中成长起来的。

对我们说来最根本的真理，恰恰开始出现于“一般意识”的强制性不复存在的地方。我们会碰上这样的界限，在这种界限上，我们的实存和别人的实存，双方即使都以为自己是指向唯一而普遍有效的真理，他们也并不承认所指向的这个真理乃是同一个东西。在这个界限上，双方要么是，酿成一场暴力和诡计在其中起决定作用的斗争，要么是，彼此通报自己的信仰根源，表明它们各行其是，永远不能成为同一个东西。

在这些界限上有另外一种真理在说话。一种真正的真理不仅仅产生于一般意识，而且是产生于我们所是的那个大全的每一种样态，产生于实存、精神和生存(Existenz)。

我们现在来说明实存的、精神的、生存的种种真理。

真理含义的多样性

真理，作为实存的知识和意愿，既没有普遍有效性也没有强制确定性：

实存作为实存，总想保全自己和扩展自己：凡是对实存有利的、有用的就是真的；凡是对它有害的、有妨碍的、抑制的就是假的。

实存总想获得它自己的幸福：凡是实存的周围世界中能够促进实存的发展因而使实存感到满足的，就是真的。

实存，作为意识或灵魂，总想说明自己，表现自己。凡是能使一个实存的内心得以适当地显现的，就是真的，而且凡是他的意识与他的无意识相配应，就是真的。

总而言之，实存总把他自己的合乎目的的行为当成真理，所谓合乎目的，第一是要能达到实存的保全和发展，第二是要能得到持续的满足，第三是要能使他的表现适当以便意识符合或适应于无意识。

这是实用主义的真理概念。一切一切，凡是存在的东西，都是作为可感觉的和可使用的东西而存在的，它们都是材料，都是手段，都是目的，而没有终极目的。真理不存在于一种现存的、已经意识到了的东西中，或一种可认知的东西中，或一种无条件的东西中，而是存在于从实存的处境里此时此地产生出来呈现出来的东西之中。实存自身是按照他的物种的不同并且随着时间的演变而变化的，所以真理也只是本身不断变化的、相对的真理。

作为**精神**，真理也不是对理智的明晰而言的普遍有效性。

精神的真理是通过其对一个自身阐明而又自身封闭的整体的隶属性而成为真理的。这个整体不会作为对象而可认知；它只能在隶属性的运动中予以把握，实存和可认知性就是通过这种运动而进入整体。

在理解存在的时候，精神是跟着关于整体的种种观念走的，这些整体观念以比喻的形式树立在他的眼前，作为动力推动着他，作为方法体系使他的思维发生关联。凡是构成整体的东西**就是真的**。——

如果说，当我们是一般意识的时候我们思维那种必然正确的东西，当我们是实存的时候我们思维那种有利有害的东西，当我们是精神的时候我们思维那种构成整体的东西，那么这种东西无论如何也不会由于我们的思维而像一个自然事件那样一定会发生。相反，我们大抵会陷入一场彻底的混乱。事实上，我们能否以坚决态度同时以对每一种真理意义的界限意识把握到真理意义，全视我们是我们自己到了何种程度。换句话说，各种来自其他起源的真理，只有从生存(Existenz)的真理那里才会取提其纯洁性。——

生存把自己显现为一般意识、实存、精神，它能把它自己同它的这些样态对峙起来。但是它自己不能把自己置于它的自身之外，它不能既认知自己而同时又是被认知的东西。

因此，我自己所是的那个东西，永远是一个疑问，而同时却又是负荷和充实着一切别的东西的那种确信。我真正所是的那个东西，永远不会为我所有，而毋宁始终可以为我所是。假如我认知了它，那我就不再是它了，因为我在时间实存中体会到的我自己只是一种已被抛弃了的东西。因此，生存的真理，由于自己的单纯的无条件性，能够安身于自己，而不想去认知自己。在最强有力的生存那里，这种一无所有的状态是可以看得出来的，它断念于一切——连它自己的本质它都没有获得一幅了然可见的图像。

上面这个简短的说明，指出了真理的意义的多样性。现在让我们把出自各种独特来源的，也就是说，出自大全的各种样态的真理意义，来作一比较：

1. 实存的真理乃是实存的保全和扩展的一种功能(Funktion)。它要靠实践中的有用来证验自己是真理。

一般意识的真理算是一种有强制性的正确。它是依靠自己本身的，并不依靠它以之为手段的什么别的东西而成为真理。它以明晰性来证验自己是真理。

精神的真理乃是一种确信(Überzeugung)。它要在现实中通过实存的东西和被思维的东西来证验自己，即是说，如果这类东西跟观念的整体配应得上并且从而证明那些观念是真的，那就是真理了。

生存是在信仰中体验到真理。当既不再有行之有效的实用主义真理那样的实存功效来容纳我，也不再有可以证明的理智意识的确信来容纳我，又不再有可以投靠的精神整体性来容纳我的时候，我此时就达到了这样一种真理，在这里我才突破了所有的世界内在性，以便出于对超验界的体验而返回世界中来，这个时候，我既在它里面同时又在它外面，这个时候，我才是我自己。生存的真理证验自己是一种真正的现实意识。

2. 真理的各种样态，由于当时在它们里面说话的那个主体不同而各有特征。所以根据大全(我们就是作为大全而处于交往之中的)，我们也看得出真理的样态。

作为实存，说话的是一个有目的的、对自己具有无限兴趣的生命，他把一切都置于对自己的实存有所促进的条件之下，他只在这个意义上表示同情和反感，他只出于这种兴趣才与人交往。

此时表述出来的东西，不是斗争就是利害一致。它不是漫无边际的，而是会有目的地停住，它利用诡计同敌人以及朋友中的可能敌人相周旋。它所关心的永远是所说出来的究竟对实存有什么效用。它要说服、诱导，它要加强或削弱。

作为**一般意识**，说话的是一个可以替代的空洞的思维点。这个点之存在是作为一般思维，而不是作为某个实存或生存而自身存在。

此时的表述，由于面对着一种普遍的东西，所以要通过论据。它追求有正确效准和有强制性的形式。

作为**精神**，说话的是一个具体的、自身封闭的整体，而说的人和听的人都属于这个整体的广大范围之内。

这种表述，因为不断地与整体联系，所以要由观念来指导，以指导所说出的话的选择、重点、关联。

作为**生存**，说话的是一个自己在那里存在着的人。他面对着生存，这个不可替代者，面对着别的不可替代者。

这种表述是出现于充满爱心的斗争中，斗争不是为了权力，而是为了启示，在这种斗争中一切武器都被放弃，但是大全的一切样态都表现出来了。

3．在我们所是的大全的每一种样态中，**真理都是与一个非真理对立着**，而且最后总出现**一种特殊的不满足**，追求另外的、更深的真理：

在**实存**里有对生命日趋圆满的欢呼和对生命日益衰亡的哀叹。但是**与这两者相对立**，又产生出来对单纯实存的不满足、对重演老一套的厌倦、对失败这一边缘处境的惊恐：一切实存本身就含着毁灭。所谓实存的幸福这类东西，不但不能在想象中甚至不能在思想中被憧憬为一种没有矛盾的可能性．没有任何幸福是持久的、稳固的，没有任何幸福在它对自身有所了然之后还是满足于自己的。

在**一般意识**里，有对必然正确性的欢欣鼓舞和对不正确东西的不堪忍受，乃至深恶痛绝。**与这两者相对立**，又出现了对正确的东西感到的无聊或苦闷，因为正确的东西是没完没了的，而且就其自身来说是非本质的。

在**精神**里，既有因处于整体中而深感满意，也有因永不圆满而备受苦痛。**与这两者相对立**，还出现了对和谐的不满足以及对整体之破裂的束手无策。

在**生存**里，既有信仰也有绝望。**与这两者对立**的是对永恒安宁的要求，在永恒安宁中，绝望已经不可能，而信仰则成了谛视，即是说，完满的现实自身已经成了完满的当前现在。

一个真理问题

照我们上面论述的真理的种种样态看来，它们是并生并存着的，而我们在哪里也找不到真理自身。

但是，真理的种种样态决不是一批互无关联拼凑在一起的东西。它们处在冲突之中：尽可能地强制对方接受自己。每一种真理，当它违反它自己的意义关联而隶属于别种真理、屈从于别种真理的时候，就变成非真理了。

一个例子就足够说明。比如说这样的问题吧，究竟一般意识的真理(性)，亦即有关一切经验事物的知识的确定性，如何对于实存是有用的，也就是说，对于实存是真的呢？假如属于这种普遍有效真理的知识，就其效用来说，也始终是有利于实存的，始终是好的，那么，实存的真理与普遍有效知识之间，既然不可能发生冲突，也就应该没有区别可言了。然而事实上，实存却经常与普遍有效真理对不上口径：前者总是对后者进行蒙蔽、排挤、压制。究竟从长远上看普遍有效真理会使实存得到促进呢，还是最终要使实存归于毁灭呢，决不能一概而论。无论如何，无止无休地探取和表述普遍有效知识的真理，几乎在任何时候，也首先意味着对自己的实存的威胁：必然正确的东西的真理竟变成实存中的非真理。真理，在某一个把自己孤立起来的实存的意愿看来，可以呈现为应予否弃的灾难。反之，有利于实存的东西，又会变成非真理的源泉，因为它会利用一般意识这个媒介蒙蔽我，使我以为我所乐愿的东西都是存在着的东西。

通过这种冲突，个别的真理意义的特殊性就显而易见了，而且我们在每一种冲突中就了解到非真理的一种独特的源泉。如果我们想克服这种冲突，寻求真理自身，那我们是万万找不到的，因为我们把大全的某一样态当成本原的真理而给予了优先地位。我们的偏爱是变换的，而每一种偏爱各把一种大全绝对化了。比如，当实存被绝对化了时，仿佛促进生命的东西就是最后的东西，并且可以自视为完全无条件的；再比如，当一般意识、理智被绝对化了时，仿佛在正确认知的东西中存在(Sein)本身已被我们掌握，而并不是仅仅在广大的现实之内发现一幅远景，在黑暗中望见了一线光明；再比如，当精神被绝对化了时，观念仿佛就是现实而且自身满足；再比如，当生存被绝对化了时，任何一个自身存在(Selbstsein)仿佛都可以是自身圆满的，其实它自身圆满到何程度，全看它是它自己、摆脱别人并自觉指向别人到了何种程度。单独把一种真理意义孤立起来，真理就不能继续是真理。

由于真理意义的一切样态在我们人生的现实中都集中在一起，并且人是出自一切样态的一切起源而存在着的，这就迫使我们趋向于这样一个唯一的真理，在这个真理中，任何样态的大全都不至于毁灭。而且，由于真理意义的多样性是这样明显，这也才把探索唯一真理的问题提到这样一点上来，在这个点上，宽广的前景是可能的，而直接的答案——唯一真理的追求愈是迫切——则变成不可能。

假如这唯一的真理果然呈现在我们面前了，那它一定已经穿过了一切样态的大全，并把它们统统在一个当前呈现的统一体中联接了起来。

我们的现实的一个基本情况（Grundsituation）是：上述的同一体，我们是不会通过每个样态的大全都同时在其中各得其所、各占有足够而又有限的地位的某种可以设想的整体和谐而获得的，相反，我们始终处于运动之中，即是说，我们眼见着一个真实的东西的每个越来越巩固的和谐形象又重新被破坏掉，因而我们必须永远再去寻求这个统一体。我们的知识时常想把我们导入歧途，把我们封闭在对这样一些东西的意识里；这些东西我们在当时从系统秩序来看认为是真实的。然而随着时间的迁移，总有新的经验、新的事实对我们袭来。而且我们从事认知的意识本身也必定不断地变化。因为，像黑格尔所说的，真理是同现实结成同盟对抗意识的。

唯一的真理是什么这个问题，就不能把它当成一种形式上的真，而只有结合着它的内容同时在一种概括一切大全样态的形象中，才可以搞清楚。

因此，我们不能直接在任何被认知的整体中掌握唯一的真理是什么。直接掌握了的，就成了形式地被说出了的真理，仿佛就成了相对于我们而出现的别种东西的显现，因而进一步就成了这样一种生存，它，只有通过它自己的显现才能成为它可能是的那种东西，换句话说，真理就成了这样一种显现，它既是一种显现，同时又是这个存在的一种实现，那就是，自身存在。

但是，这样被说出的真理只有同存在的现实内容结合起来，对我们而言，才成为整个的真理(*die* Wahrheit)。而且这种内容，作为一种从我们的时间实存的本质中产生出来的整个内容，除了通过历史性的形象而外没有任何别的道路可以为我们所掌握。真理，也许当我们毫无顾虑地违反着我们承袭下来的理智外壳、去注视一切大全样态的统一体所实现的种种极端边缘形象时，我们最靠近它。

有这样一些现象，在我们看来，以必然有效的理智知识的效果和自由来衡量，它们恰恰是一切真理的威胁，比如，例外和权威。例外，通过它的现实，它就把坚持普遍有效的真理根本摧毁了。权威，通过它的现实，它就给任何主张自己具有绝对独立性的特殊真理封住了口，使之无发言余地。

阐明了大全的样态，体会了冲突和不停的运动，我们就无可逃避地看到这样一个边缘或界限，那就是，整个的真理既不是普遍可知的东西，也不是在任何一种个别形象中会充分而现实地呈现的东西。

时间实存中的这种边缘情况，使例外可能成为现实(例外乃是相对于力求自身巩固的那种普遍真理的真理的起源)并且要求权威(权威乃是相对于多种任意的意见与愿望的一种具有历史性形象的综合真理)。让我们来说明一下例外和权威。

例　外

人就是一个例外。人之所以是例外，首先是因为它相对于普遍的实存，不论普遍的实存表现为国家的伦理、秩序和法规，还是表现为身体的健康，或任何其他正常状态；其次是因为它相对于普遍有效的、必然确定的思维所完成的那种一般意识；最后是因为它相对于我作为整体的环节所隶属的那种精神。例外，就是对任何样式的普遍性的实际突破。

例外，注定要感觉到它自己的例外性，而且最终总要感觉到它自己已被排除在外，而它这种遭遇的意义，在它看来，永远是暧昧含糊的，不可能澄清：

例外愿意自己是它所不是的那个普遍。它并不愿意是例外，而毋宁卑躬屈节于普遍之下。它接受它自己是例外，为的是要实现普遍，因为普遍此时不是那么兴旺，而是处于灰心和失败之中。它只是通过普遍才懂得它自己是例外。由于它是例外，它才通过它自己的理解那样急切地去在失败中把握积极的普遍。由于对于从起源深处进行思维的人本身所不是的那种东西的热爱，被理解的东西才变得那么明晰那么光亮，而从起源深处进行思维的人尽管在成功和得意时本身就是那种东西，他却决不可能对它有所言说。

但是，例外虽然屈服于普遍之下，本身同时却又负有一种任务，即要成为某一一次性的实现的道路，这条违背着普遍走向反对方向的道路即使不是它所愿望的，毕竟是它所必需的。例外可以为了给超验界服务而变成非现世的(weltlos)，可以由于消极规定（无职业、无配偶、无立足地）而仿佛自身消灭了。它可以通过这些规定而成为这样一种真理：不是什么榜样，不通过它自己的存在指明一条道路。它仿佛是道路尽头上的一座灯塔，从非普遍物的处境中发出亮光把普遍性的东西照亮。

例外可以对自己有所言说；这样，它才经常复归于普遍。假如它确知自己是一种根本不能加以言说的真理，那它就该是没有任何人能够参与的真理了。假如是那样，例外纵然存在，也仿佛根本不存在一样了。因为，它的可言说性乃是它在我们看来所以是实际存在的条件。

如果我们现在概括起来问道，什么是那种对我们说来具有哲学效准的例外呢？那么这样一问，它就从我们手中滑脱了。例外不是关于一种如此这般存在着的东西的范畴，可以让我借以定义一个人。名词被用来述说一种可能性的概念倒是合适的：这种可能性是真实性的一个起源，涉及大全的样态，而本身又绝对没有可规定性。它好比是一切大全的一个无所不包者，但又不绝对是它本身，而毋宁在历史性的具体事物中朝着我们走来，同时在照亮我们时使我们感到抵触，使我们觉得碰到我们身上就反射回去。所以它作为一个整体，既不能当成对象予以概观，也不能客观地进行区别，也不能被作为某种辩护的结局而予以利用。由于我们体会到它的真理同我们的真实性相抵触，它是可感知的，同时，当我们想同它像同一个被知物那样打交道时，它又是不可感知的。例外的一切客观既成的东西，无论对我们或是对它来说，都是模棱两可的。

如果我们最后问道：谁是例外谁不是例外呢？那么答案一定是这样：不仅只处于边缘处境中的一种稀有的事件——最极端最惊人的如同苏格拉底那样——是例外，而且每一个可能生存(Existenz)的通常事件也是例外。因为历史性本身就包含着与普遍性不可分割地合而为一的例外性。生存的真理，其特征就在于在一切样态的普遍物的形象中随时随地就又是例外。

因此，真正的例外并不是一种单纯的变异，那只是任意的例外，它毋宁是在时间实存中不可分割地隶属于大全的真理的东西。在最极端的情况下，首先曾被认为是最陌生的东西从而被认为是例外的那种东西，其实就是我们自己，如果我们就历史意义上说是现实的，那我们每个人都就是它，而如果每个真正的例外都同它所照亮的那个普遍发生关联，则我们没有任何人是它。对真理的一切把捉，都是出于对例外的敞开，出于对例外的谛视，但是真理把捉者在这样做的时候并不愿意自己是一个例外。他安分于自己是个例外，在普遍之下卑躬屈节；他安分于自己是个普遍，在例外所造成的牺牲面前对自己所知甚少。

权　威

当例外和权威向真理的本原逼近的时候（而真理则正出于具体现实向着我们走近），它们遇到了我们。例外是提出问题的、令人震惊的、使人迷惑的东西，权威是负荷着我的丰富生活的、使人藏身的、令人安心的东西。

让我们来想想权威。

权威是这样一种真理的统一，它在所有的大全样态之中，把它们联为一体，以历史性的形态作为普遍和整体出现于我们面前。或者更确切地说，权威是实存界的势力和强制性的确信以及涉及生存之根源的观念这三者的历史统一，而生存则知道自己在这种统一中是与超验界联系着的。

因此，权威是这样一种真理形态，在这种形态中，真理既不仅仅是普遍知识，也不仅仅是外来的命令和要求，也不仅仅是关于一个整体的观念，而倒同时是它们三者。而且因此，权威固然是外来的要求和强制，但它同时又是从内心里说的话。权威永远是建立在超验界上的主张或要求，就连当时根据超验界而发布命令的那个人也要听从这种要求。

不过，在时间实存中，以上述形式表述的权威不可能是对一切人的唯一和普遍的权威，除非它被外在化了，除非它已堕落为单纯的实存界势力，专横而有摧毁作用。一切权威毋宁都带有历史性形态。因此权威的真理，不能通过一门科学来加以合理的概括，使之变得充分透明，并将其内容固定下来。它毋宁无所损伤地包含着一切可知的东西。

因此，权威的绝对性就是对于由它而生存的人说来的这种真理历史统一性。权威从那一开始就奠定起来的本原出发，作为当前现实中已经历史地存在了的东西，在图画和符号里，在秩序和法律里发言讲话，同时把处于不可替代的当前现实的东西亦即与我混为一体的东西的历史性沉沦之中的所有这一切，都包含概括于自己之内。

然而真正的权威，并不是宁静的，尽管通过上面的表述它可以显得安然自得。因为权威是历史性的从而是在时间中的，它处于经常的紧张之中，并且由于紧张而处于运动之中。

第一种紧张状态存在于那想永远稳定的权威（假如这种权威取得它的目标，则一切真理生命就被枪杀）和那想突破一切固定而显露头角的权威（假如毫无控制地运动，则一切将陷入混乱）之间。秩序立根于一度打破秩序的东西之中；具有摧毁作用的例外是新权威的起源。

第二种紧张状态，存在于个别人的权威和自由之间。个别的人总想在他自己的起源中重新把外来的权威看成自己的真理。让我们来说说这个在权威中变自由的过程：

受到了信仰的那种权威，最初是一种真正的、触及本质自己的教育的唯一源泉。个别的人乃是重新从他的有限性开始。他在成长过程中，为了吸取传统内容，是依附于权威的。当他在权威中成长的时候，自身中就敞开了这样一个领域，在这个领域中他到处都会遇到生存。如果不是在权威中成长起来的，则他虽然也占有知识，他虽然也掌握语言和思维，但是他却始终被遗弃于空洞可能性的领域中，在那里他所遇到的只是虚无。

然后，逐渐成熟，个别的人就在思维自身、省察自身的时候体会到了自己的起源。权威的种种内容一旦成了他自己的内容，就变得生动活泼起来。如果它们没有成为他自己的，那它们就继续是外来物，并且就有自由出来反对它们，自由是只允许那种转化成为自身存在(Selbstsein，独立存在物)的东西存在的。自由既然由于掌握权威而形成起来，它于是就能在一定现象中抗拒权威。个别人通过权威达到了自身，他就从权威中超脱出来了。要设想一个人的极端形象(Grenzvorstellung)，现在已是可能的了：他已经成熟，完全独立自主，经常反省自己，无所遗忘，本着最深邃的起源而生活，他能够以最高的远见采取自决的行动，并且他根据他产生出来的那个权威而忠实于自己。在他发展的过程中，他需要依靠；他生活在尊敬和规矩之中；当他还不能本着他的起源替自己作决定的时候听从别人给他作出的决定。在他的解放过程中，他的起源从自己内心里逐步发展，越来越有力而明亮，终于他以完全的确信在自身中听到真理的声音，到了此时他甚至会自由地掌握这真理以反对外部强加给他的权威。对他说来，自由就成为自己掌握了的真理必然性，而任意武断则已经克服；权威是在他内心中的、通过他的自身存在而发言讲话的超验界。

但是，这样极端的完全独立绝对自由的人是不能最终达到的。**任何个别人**总会在某个时候不行的，永远不会成为完全的人。因此，真正的个别人，不管他爬到了自由的哪一个成熟阶层，总不会不感觉自己的道路动摇不定，也不会不感到自己的自由与权威之间有着紧张关系。自由本身的内容，迫切要求得到权威的承认；如果不然，它们就竭力反抗权威，因为它们只有通过反抗权威的考验才表明自己可能是真理，否则就与任意和偶然冲动无所区别了。而权威呢，要么是（给自由）提供巩固地位的力量，要么是通过反抗而使自由具有形式和依靠，避免成为任意武断。恰恰是能够自助的人，才愿意世界上有权威。

而且即使到了很多个别人都能在社会中赢得真正自由的时候，压倒的**多数**一定仍然只会从这条自由之路走到他们的实存冲动的任意武断那里去。因此，在包括一切的社会现实中，权威作为一种以支持一切真理自诩的真理形象，始终是必要的；而当它没落了的时候，它就从现有的混乱中，以一种命运主宰的姿态重新把自己建立起来。

我们明了了这种出自永恒的紧张状态的运动之后，就会回头来考虑无所不包的权威。权威是真理统一(性)在历史现实中的形象化了的谜。各种样态的大全中的真理同世界上的强大势力以及代表这些真理具有这种势力的人的高等地位之彼此配合到一起，乃是真正权威的本质。

我认识权威，假如我是在它里面成长起来的。我可以按照它生活，但不能排除或摆布它。我可以历史地渗入它，但不能从外面把握它。这种权威是不能加以概观的。当我面向着它的时候，它并不是整个地作为一个他物同我对立着。但是，对于我只从外面看到了而没曾在它里面生活过的那种权威，我也是永远无从窥察它的内容；它作为权威我是绝对看不到的。

究竟我得力于哪一权威而成长成为自身存在的，以及究竟我还要接近哪一权威(也许是要接近它的残余部分)以便把我献身于它，这些都是我的有超验根源的命运的分内之事。但是，既不可能有意识地对各种权威进行对比、研究，然后来判定我认为哪是真的或哪是最好的，因为当我看到权威的时候，我就已经选定了；也不可能以哲学的眼光从起源上开始一步一步往下推演，来确定哪是真正的权威，如同确定一项目的那样。

但是尽管如此，我却能通过它的偏离现象来哲学地了解权威的崩溃：当上述那些配合在一起的东西分道扬镳时，那权威就成了假的；当各个真理样态——无论是实存，或是有强制力的确定性，或是精神——都各行其是并且想自封为权威时，它就成了假的；当它变成单纯的实存势力而丧失了一切真理起源的生动活泼时，它就成了假的；当它想把自己视为个别人的单纯地位，而这个人在世界上既没有势力也没有勇气和牺牲精神去争取和要求这种势力时，它就成了假的；当我抛弃自身存在的自由并且为了某种所谓见解而“自由地”“牺牲了自由”时，它就成了假的；当我只做到了不假思考地服从而不是对权威深深敬佩时，它就成了假的。

例外与权威，就其历史现实来说，都是不可解释的大全。它们所显示的东西，往往在单纯的理智看来是不合情理的、不可谅恕的。比如说：一个真理、一个人，诸如此类的东西是不存在的；又比如说：对于人说来，真理存在于时间中，因此它是历史性的，因此它是经常受着威胁的一项任务。

由权威而来的真理和例外所说的真理，当它们存在的时候，它们是最现实、最有力的真理，而当它们不存在的时候，则是最感欠缺、全心盼望的真理。只有当人们迷惑于单纯正确的理智真理的外表明晰而看不见本原和内容的时候，这种无所不包的真理现实才会消失。但是一定要在这种无所不包的真理现实中我才知道我是生存着的(existierend)。

例外和权威导向这样一种真理的本原，这种真理，不复仅仅隶属于某一个大全样态，而毋宁由于它渗透并表现于一切大全样态之中，可以是它们的统一。在它这里，各个大全样态互相斗争所引起的冲突一刹那间仿佛得到了解决，并且不是由于某一个大全取得优势而强制解决的，毋宁是通过那好像作为唯一的大全在一切样态的大全中发言讲话的超验界而解决了的。这不是各种大全造成的一个和谐，而是由一个大全使它们在一刹那间融合为一，事实上这个大全却倒容许紧张关系的存在并给紧张关系的重新突破留有余地。

例外和权威这一对彼此极端矛盾的对立面，相生相成，同是根本真理的一个指标。两者虽有两极性却又有共同性，可以再度说明如下：

1．它们都以超验界为基础。当它们显现的时候，它们都确信有超验界。没有同超验界的联系就既没有生存方面的例外，也没有真正的权威。

2．两者都还没有完成。它们都处于运动中，它们的运动也就是一种经常的自我扬弃，当它们自我扬弃的时候，有时在一刹那间又会从紧张状态中呈现出来成为唯一真实的东西。

3. 两者都是历史性的，就像一切不可替代的东西那样。因此，就它们本有的真正的内容来说，它们都是不可模仿的，不可重复的。然而就它们的历史集中性来说(Konzentriertheit)它们却又像那历史地包括一切和封闭一切于自身的东西那样，向一切领域敞开着。

4. 两者中的真理，都是捕捉不到的、不能形成我之所见所知的对象的那种真理。如果把它们构造成为对象，像理性演绎的原则之类的东西，那它们就被搞得狭窄、僵死和虚假了。一旦成为我的有目的的计划和作为的对象，它们立刻就消失了。“例外”和“权威”这两个字眼，看来好像指谓着非常明确的现象，但是这些字眼的含义却是指的一种超越活动(Transzendieren)，在这种活动中，真实性的基础将作为一切大全的统一而呈现出来。无论诗词或哲学，都不能掌握这种真理。诗词是有界限的，在它的界限之内，诗词使之变为形象了的东西并不是诗词所真正追求的那种最最内在的东西。哲学也有界限，在它的界限之内，哲学所思维的东西决不是一切哲学思维因之而发生的那个真理存在本身。

如果人们在具体科学的形象下把真理当作合理的可知性加以信赖，——如果我们然后进一步把真理意义像我们已经实际生活过了那样再就大全的各种样态的角度加以设想，——如果我们最后在例外和权威中来窥视真理的形象，那么这些做法都是返回于现实的步骤。

但是从哲学上看，因例外而引起的震惊和由权威所造成的宁静，都还不能使人从中得到最后的东西。

对于一度实实在在进行过哲学思维的人说来，要他无思考无问题地生活在权威之中，那是办不到的。本来，生活于权威之中是一回事，设想出权威并在思维中导向权威，乃是另一回事。如果我生活于权威中，那么真理就非常朴素简单；然而如果权威是我设想出来的，那它就无限繁复了：假如权威要想在自己的历史现实方面得到合理的充分的表述，则任何合理分析都是不够的，不能胜任的。不过，由于哲学思维的成熟，思维已经同在权威中生活不可分割地结合在一起了。

这种哲学思维并不能推论出权威。我之信仰权威这件事(dass)，其根源在全部大全之中；我应该信仰它与否，我是永远不能论证的。阐明一般的权威，绝对不就是论证某一特定的历史的具体的权威。

哲学思维在例外和权威面前还并不缄默。诚然，像说权威需要论证这类怪论还不至于出现，因为对权威的任何论证，既然本身是一个论证，它就会把权威的权威性扬弃掉了。然而哲学思维不仅仅把那些变假了的偏离(或谬误)摧毁了，而且也许会使来自本原的东西达到最纯粹最明亮的当前现在。

不在例外和权威面前停止反而进入于其中的这条道路——哲学真理的道路——叫做理性。[①]我们不在上述任何一种形象之下最终地占有真理，也不直接指明真理的内容，让我们最后来谈谈理性。

完成从而认识理性是什么，从来是并且永远是真正的哲学任务。

理　性

理性的基本特征是要求统一的意志。但是它的推动力却存在于这个统一是什么的问题中。在过早地和零星地把握统一时真理是否已经丧失了，或者还没有达到，这就要取决于这个统一是怎样被看待的，取决于是否把它当成唯一的实在的统一而不是当成还有别的统一与之并存的一个统一。

事情清楚摆在这里：真理不是一个，一是因为例外已把它炸开，二是因为权威只会将它实现于历史形象中。但是，尽管要承认例外，尽管要服从权威，只要有理性在，则那超过多数真理以追求唯一和普遍的真理的冲动，是始终不会削

---

① 理智与理性早就把德国哲学家彻底区别开来了。然而这种区别并没有深入到一般的语言意识中。所以理性这个字眼永远还要重新索回它的深刻含义。

弱的。

追求这个唯一真理，有一条道路是行不通的，那就是：终究又在一般意识界里，完全依据理智对它所取得的强制性知识，把它理解为一种正确的知识和正确的情况。沿着这条道路走去，假如我只限于走这条道路，则我所赖以生活的真理就完蛋了。

理智(Verstand)时常自称即是理性，因为理性没有理智是寸步难行的。但是，追求理智认识的冲动(这是以强制性命题在其中有效用的那个水平上的**部分统一**为指标的)本身已经就包含着追求**更深统一**的冲动，上述的理智统一只不过是达到这种统一的一个桥梁而已。理智的思维本身还决不就是理性的思维。

理性追求统一，但它并不是单纯地为统一而追求随便哪一种统一，而是追求一切真理全在其中的那个统一。这个统一是仿佛从无限辽远的地方由理性给我们呈现出来的，仿佛是消除一切分裂的一股牵引力。

要想接近这个统一，则在一切情况下理性都是其中的一个**联系者**。不论什么东西，理性总是想改变它的互不相干的分崩离析的状态，使之返回于彼此隶属的相生相成的运动中。因分崩离析而互相陌生的东西，理性总是想让它们重新互相关联起来。任何无所关联的现象都应该取消。任何东西都不应该归于败坏。

理性的联结力，在各种科学里已经在发挥作用，它表现为越过某一门科学的一切界限去寻找矛盾、关系、补充的那种冲动，它是关于一切科学的统一性的观念。

但是理性并不停止于这样对科学知识的统一，它并进而对一切进行无所不包的联结。理性是这样的东西，它首先照亮各种样态的大全，然后就防止它们的孤立，并且最后争取一切样态的大全的合而为一。

因此，理性趋向于那以科学思维的尺寸衡量像是陌生的东西。它在期待真理的时候投靠了例外和权威。就是在例外和权威这里，它也并不像是到达了目的地那样静止下来。比起它所要求的那个大一（Einen），例外和权威也都是一种隶属于时间实存并且受制于时间实存的临时的东西。临时的东西，不管其场面多么冠冕堂皇，总不能成为理性的安息之所。

理性还被最陌生的东西所吸引。就连那自暴自弃地追求黑夜的激情在突破白昼的法律时所实现的东西，它也想予以阐明使之成为存在，它也想赋予以语言，而不想听其像虚无一样归于消失。理性总追求这样一种情况，在那里，永远有统一性遭到突破，以便它能在突破中另外把握一种关于这个突破的真理，并能在破裂中阻止形而上学的破裂、存在本身的破裂。理性，它是秩序的根源，可是在任何破坏秩序的行动中又都有它；它在一切陌生的、制造破坏的、致使失败的东西面前，始终是有耐心的——锲而不舍的和永无休止的东西。

因此，理性就是**整体交往意志**(totale Kommunikationswille)。一切能成为语言的东西，一切存在着的东西，它都乐意予以保护。

理性寻求大一是凭借**老实**和**公正**。老实与真理狂不同，它本身具有一种无限的公开性和疑问性，公正则想使一切出于本原的东西都作为其自己而成为有效用的，即使在它们的边界上要遭到失败。

理性**不是一种**像内容那样的**真正的本原**，而毋宁好像是由大全的某一种真理中产生出来的，而一切样态的大全的**一切本原**都投奔到它的敞开性这里来，以便继续不断地**被联结到大一上去**并从而互相发生联系。

理性就这样指示着理性的源泉：既指示着因它而起作用的那个大一的不能企及的东西，又指示着因它而可被知的那些本原的对方或他物。

理性是持续不断地向他物前进。它是可能普遍地共同生活、可能同时并存、可能到处倾听的可能性——既倾听那本来就会说话的东西、也倾听它自己才使之说话的东西的话。

然而理性不是漠不相干地听任它所遇到的一切东西都成为有效准的，它毋宁是开明地使一切东西都关涉其自身。它之进行阐明，不仅仅是为了认知，它毋宁始终是在发问，是在进行一种招徕活动。理性永远不会变成必然会限制自己和固定自己的那种占有性的认知作用，它毋宁始终是没有固定界限的启发作用(Aufgeschlossenheit)。

理性在它向大一逼进的冲动中，不仅能够了解存在着的东西，不仅能够使之与自己发生关涉，而且它会使它所遇到的不论什么东西都开始运动。因为它发问而又赋予(对方以)语言，所以它总引起骚动(Unruhe)。因此，理性是使一切起源可能的东西，由于它，它们才发展，它们才敞开，它们才纯化，它们才发言，它们才运动。它使出现于各种样态的大全之间同时却又构成新的统一(Einen)的经验的那些冲突和斗争，可能成为真正的冲突和斗争。

理性，一方面，它深得生存的好处，因为它以生存为依据才不致沉沦下去；另一方面，它又反过来使生存的真理成为可能：使之实现其自身，使之显现其自身。

虽然理性并不由它自己产生出什么来，但由于它蕴含于一切大全的最内心中，所以毕竟只有它才能唤醒这一切大全，使之成为现实的，成为真的。

理性为了能够毫无约束地听从那无所遗忘而又完全敞开的统一意志，敢于要求，敢于冒险，所以它是彻底摆脱一切已经有限和确定从而固定了的东西的可能性。

因此，理性鼓舞了理智的否定力量，使之能够无视一切。理性能在注视着最极端的可能情况的同时自己产生这样的想法：[世界上]什么都没有也完全曾是可能的。这个想法，它并不当成是一个随意的空洞的思想游戏。莱布尼兹、康德，特别是谢林，都曾面对着无底深渊提出这样一个使他们为之大动脑筋的问题：为什么竟是有点什么而不是空无所有？这个问题虽然得不到光彩夺目的合理答案，却把我们带到这样的境界中：在那里，我们才真正体会到存在的存在（das Sein des Seins）乃是被赠与给我们的东西、不可概念把捉的东西、不可彻底渗透的东西、先在于一切思想而来到我们这里的东西。

还有一层，理性的思维永远是在**运动**，不知道什么叫做停留或终止。**理智**总想保持不变，总想认知大一并且把整体当成一种学说来加以占有。**理性**与此相反，永远想要推翻理智所已赢得的东西。理性所追求的统一，不是凭借空洞的理智从一个骗人的权力意志中产生出来那种对整体的概观。它只不过是要克服和要联结的冲动。诚然，理智会因自己的占有而感到骄傲，但是理性根本就没有骄傲可言，有的毋宁只是理性的有启发作用的运动和最终的安息。

人，通过理智认识了自己之后，如果觉得种种变革是混乱的而不是理性的，那他就将陷于无能为力的境地。当他对于理智的信心发生动摇的时候，他只有或者多于理智或者不及理智这两条道路可以选择：要么，摧毁已经认知的东西，堕落下去，听命于生机冲动（Triebhaftigkeit der Vitalität），并且再用一种无思想的(盲目)服从当作自救之道来摆脱生机冲动；要么，凭借理性来克服上述危险，因为，理性会把一切已经认知的真理重新融合而升华成为正在出现中的大全的真理。

一个人愈是抓住他最大的机遇，他就愈可以是自我欺骗。他可以从已经爬上的阶梯跌落下去，反而不如他的当初。他为了保全他的本质，必须牢牢依靠各种合乎理性的东西，而且他的理智所认知的东西也要通过它们才能保全其意义。理性，由于它抛弃一切理智上的确定，所以是一切其他真理的条件。

我们谈了力求包罗无遗的统一意志以及力求克敌制胜和制造可能的**否定性**，总算说出了理性的基本特征，但**什么是理性**，却并没因此而像我平常了解的任何一件**事情**那样清清楚楚。

理性所盼望的，看来好像是那种在时间实存中**不可能的东西**。理性所追求的大一这个目标，是不可想象的东西，它是不能被人当成一个看得见的前景加以追求的。理性毋宁是在大一的吸引之下进入可能性的自由天地之中，好像要在没有任何立脚点的条件下去发现它自己的道路。

理性——正如生存——是通过一个**飞跃**从存在物的严密内在性中产生出来的。它如果同理智相比，理智像是内在现象，它就像是虚无。如果说它是无所不包的大全，它是我们所是的那种寻求实现大一的冲动，那么这种大全也是具有超验根源的，而且毕竟只体现在我们所内在地经验到的那些冲动、要求、活动之中。

仿佛有一种理性的**气氛**。每当有一只毫无蔽障的眼睛在凝视着现实自身、现实的种种可能性以及现实的无限可说明性(Deutbarkeit)的时候，每当这只眼睛不变成裁判官，也不宣示什么绝对学说，毋宁只老实而公正地渗入一切存在着的东西中，使之成为有效用的，并且既不美化它，也不掩饰它，更不使它明晰易懂的时候，那里就有理性的气氛。

理性的气氛弥漫于高尚的诗作特别是悲剧中。伟大哲学家都有这种气氛。哪里还有哲学，哪里就还能觉察到它。有些个别人的身上，比如莱辛，这种气氛就很明朗，他们虽然还没有什么本质内容，却像理性本身一样对我们起着影响作用，而且我们之所以阅读他们的语言，完全是为了呼吸这种空气。

几千年来的哲学，好比是对理性的一首唯一的赞美诗——尽管它也时常误以为自己是一种完成了的知识，尽管它也时常堕落为无理性的理智(Verstand)，因而时常反过来错误地蔑视理智，尽管它也时常被人憎恶，视为人类的一种特别负担，因为它不让人们安宁。

理性，它粉碎狭隘的伪真理，消解宗教狂热，它既不容许情感上的慰藉，也不容许理智上的慰藉。理性是“理智所感到的神秘”，不过理性却在理智的一切可能性中发展理智，俾使它自己感到这个神秘是可以言说的。

如果我想从哲学思维中得到一种可以使我心安理得的知识内容，如果我想认知以代替相信，如果我想为一切找到技术解决方案以代替根据所有大全样态的整体而生存，如果我想得到精神病理的处方以代替独立生活的自由，那么哲学就要遗弃我了。哲学只在科学技术失灵的时候才发言说话。它指点，但它不给予。它随着明亮的光线活动，但它不制造。

假如说我们设想大全，所得到的只不过是可能的存在(Sein)出现于其中的那种**广阔**的空间，那么也应该说我们设想真理的时候，所得到的只不过是到达这样一些可能存在的**道路**。

然而我们的哲学冲动毕竟具有更为深远的意义。我们想要的不是可能，而是现实。

哲学固然也并不产生现实，并不给缺乏的人提供现实。然而从事哲学的人，凭着自己的本质锲而不舍地思维下去，为的是要见到现实并且自己成为现实的。

第三讲

现实论

现实问题

当我给我自己照亮了大全这个无所不包的空间时，我仿佛把围绕着我的黑暗的牢狱墙壁变换成了透明的：我展望到了远方，一切存在着的东西都能呈现在我的当前。——然后，当我确切掌握了存在借以向我自显的那种真理时，我仿佛走到哪里就有光跟我到哪里，我就自由自在。——但是，当这种真理之光照射不到什么东西的时候，它就只不过是这样一条光线，在这条光线照射下我和事物都好像被溶解了，都是不现实的了。此时我所感受的是光明的死亡：我不能发生爱心。因为在我以内没有现实，在我以外也没有现实。在真理之光的照耀之下，产生出来的要求是，一定有些什么东西存在着。所以，哲学思维的最终问题，还是追求现实的问题。

现实的后退

早在我们进行哲学思维以前，现实这个问题好像在我们客观存在着的每时每刻都已经解答过了。我们整天在跟事物打交道，我们遵照着我们所具有的现实存在的样式行事。现实地存在着人这样的实存、人的一些要求和规律，现实地存在着为使人的关系公正而采取的计划措施。现实地存在着物体、运动的原因；现实地存在着原子、能力；从技术上说，我们可以控制自然；自然似乎是确切可靠的东西，虽然我们利用我们之所发明创造的技术活动往往跟原始民族的魔术很难说有什么不同——同样缺乏理解，同样没有思想。

在这样不成问题的状态下，现实事物好像是令人满意地当前现在着。只有**人的意识**才提出问题来，只有当我对于我还没有认知它和还并不即是它的那个现实感到欠缺而迫切需要它的时候，只有当一种活动加工制造了材料，进行了安排布置，采取了勇敢的行动而仍然不能按照预期达到这种现实的时候，这才产生哲学思维活动。我这才追究现实。

如果我想整个地**认识**什么是现实的，则我所走的就是认识的道路。

如果我想**存在着**，我想不仅作为生机上的持续而真正作为我自己而存在着，我永恒，则我所走的就是实际行动的道路。

让我们走**第一条路**，认识的道路。当我们想认识比如说**自然**的现实究竟是什么时，我们就听到说：我们所设想的、表象的一切一切，其本身根本不存在，那只是为我们的现象的主观性。这一点，我们已经一步一步地认识到了：首先，事物(比如早期关于天文世界的知识就是这样)是透视画法上的缩影；其次，第二感觉性质(比如颜色、声音等)都是些主观性；然后，到今天，就连触觉性质，就连时间和空间，也都是主观性了。物理的现实，离开我们越去越远了：首先，它成了不再与我们主体相关联的、不经透视法所思维的物体的“在空间中的存在”（Im-Raum-Sein der Körper）；然后，最基本的现实又变成了原子式的、在大小与运动上只有数量差别的物质分子的空间存在；而最后，它仍然还是不可想象而只能用数学公式计算的东西。如果说这样被认识的现实是一种无限深远的、只能根据其可测量的性质获得一些关于它的消息的现实，那么同时应该说，世界的“现象”，其所以成为这个样子，是我们所不能理解的。世界的这种现象最终总算又成为对我们来说完全现实的东西，但它尽管对我们来说是现实的，却决不是“那个”现实[本身]。一切现实的东西都以它自己的方式而为现实，而且一切现实的东西同时又都仅只是透视图景。

我们关于**人的实存**的知识，情况也是这样。我们总是以实在论的眼光看待人的实存的现实性，不论对于经济事物也好，对于外交的政治行动也好，对于各种社会现象也好，对于精神原则等等也好。当我们将个别的关联解释为决定性的东西而把其余的一律视为派生的、次要的上层建筑的时候，萦绕在我们心头的那种现实意识就是一种一经批判分析立即瓦解而重归于乌有的东西。所有这些可以为研究对象的现实诚然都是些无可置疑的现实因素，然而即使在这里，依靠这些现实因素也是接触不到“那个”现实的。可供研究的东西，甚至一切可供研究的东西的总和或体系，决不就是整体。

虽然我们愈是不断地追求关于现实的确定知识，现实就仿佛愈是**不断地往后退**，因而什么是现实这一问题原则上根本不能以批判研究来取得解答，但有人也许会觉得，**个别的事实**毕竟始终还是现实的东西。比如我们说一个事实存在在那里，或不存在在那里，那么在这里，总是有人所不可动摇的东西，而彼此矛盾的甚至敌对的见解，在这里也必须承认在他们之间有点什么共同的东西。人们也许会说，当前现在的事物，发生了的事件，做过了的事情，迟早总会为一个什么人所认识，或者说，它总是可认识的。但是，这是一个大错。**第一**，每个实际的个体都有**无限性**；第二，每个事实都有**无限**的解释和再解释的可能。谁想确定地理解一个事实，谁就必然已经规定了它，构造了它。“凡是事实，已经就是理论。”即使当一切纯属欺骗性的、显而易见是错误的、使之晦涩难解含义不明的以及有意歪曲篡改的环节通统得到了克服的时候，即使在这种情况下，任何个别的事实也仍然具有无穷多的方面和再解释的可能性。

无论我想整个地把握现实也好，或通过个别的事实来把握它也好，最后现实总是我们的分析研究所永远达**不到的那个边界**。

让我们走第二条道路，走行动的道路来寻找作为自己的存在的现实。

我们的实际存在本身并不能使我们满足。它是永不停息永无止境地向前追求的冲动，它没有终极目的，自知没有意义，特别是因为它心目中明白地知道它的末日。从它的行为、事业、声名、影响里它获得一个时间稍长一点的第二持续时期，但它不能蒙蔽它自己，它明白地知道就连这第二个时间上的持续也将在世界万物沉寂之中达到它的绝对终止。

那么让我们就从我们独立的本质这个自身存在(Selbstsein)里来寻找我们自己的现实吧。可是，我们愈坚决地是我们自身，我们就愈明确地经验到，我们之所以是我们，并不是由于我们自身的力量使然，相反，我们是被赐予给我们的。所以，就连我们自己真正的生存现实也不是“那个”现实[本身]。

现实的超越

通过这些道路，想依靠意识来把握现实，以便我们终于能认识它或本身即是它，结果反而使我们陷于无底深渊。所以现实，我们既不能将它当作一个他物来认识，又不能就其即是我们自身而具有它。所有的道路，通往具体科学的、通往事情自身的、通往固定对象的、通往随便一种什么本体论知识的，这一切道路，如果我们到此止步，那就只能使我们达到因不同方式的认识而产生的不同方式的现实，而这些方式的现实本身始终是不够的。

到此为止，我们的哲学活动仅只做了清除工作。我们在这种**批判的**哲学活动的基础上要寻找可以使我们返回现实的**另一种**哲学活动。我们要寻找一种哲学活动，它固然以一切可能方式的现实为条件，即是说，它固然要尽量地把握和认识各种方式的现实，但要超过它们而径达**于现实自身**，这就是问题之所在。哲学活动必须在这里得到考验。至于哲学活动必须怎么样具体地进行，那只有通过这种活动自身来说明。为了简便易晓起见，必须从实例说起。我现在就选用抽象的、狭义的所谓思辨思维为例，因为思辨思维的意义，也许简单提示一下就可以体会出来。

没有可能性的现实性

真正的现实是**不能**被**思维为可能**的那种存在。这话是什么意思呢？

一个现实，如果我能通过它的成因来认识它的客观存在，则这个现实，假如当初条件情况不同，它就很可能不是现在这个样子，而成了另外一个现实。所以被认识了的现实，既是被认识了的，它就是一个**被实现了的可能**；它在被认识被思维中保有其为一种可能性的性质。即使就整个世界来说，当我思维它的时候，它也是各种可能世界中的一个。现实，一旦我认识它，我就已经因我之认识而把它推入于可能性的领域了。

但是，现实自身所在的地方，那里不复有可能。现实就是不再能被变为可能的那种东西。当我还在理解一种现实时，我所理解的就是众多可能中的一种可能，那么此时我所达到的就是现实的一种现象，而不是现实自身。我只能思维我同时正在把它当作可能而思维的那种东西。

因此，现实的东西乃是对任何去思维它的企图都加以抗拒的东西。谢林曾说过："单纯地或赤裸地存在着的东西恰恰就是使一切可能从思维那里来的东西归于失败的那种东西……"所以，思维单凭其自身是达不到现实的。它触到现实就搁浅。它只能在因它自己的无能而触礁或碰壁中体会到，进入现实，其关键在于飞跃。

如果一个现实是完全可思维的，它就不再是现实，而只是可能的一种附加物，不是一个本原，因而不是本真，而是一种引申出来的和第二性的东西。事实上，当我们以为已把全部现实性转变成可思维性时，即是说，当我们用这全部可思维性来代替现实性时，在这样的一瞬间，我们就会突然产生一种虚无的感觉。在这个时候出现的那种认为根本无需有什么现实的想法，乃是一种象征，表示可思维性已以虚无而满足了。但是我们在这种虚无之毁灭中体会到自己之毁灭的人，就不以此而满足。毋宁是，由于我们内心体会了现实，我们反而从可思维者所构成的现象世界中解脱出来。如果我们在超越中接触到了现实，那么思维此时对我们来说就不是第一性的，跟现实对照看来它毋宁是一种派生物，因为思维是在思维者的现实中和在不可思维者所给予的碰壁或抗拒中才了解到自己。谢林说过：“不是因为有思维才有存在，而是因为有存在才有思维。”谢林在谈到这个可思维的和先于思维的、这个不可先行思维的现实时，回答说，即使思维怀疑现实，“无限地现实存在着的东西，由于它是这样的现实，所以也就不怕思维和一切怀疑”。

就连思维者自己的现实也先于他的思维。我们是**我们的思想的主人**。只要我们是现实的，我们就不让我们屈居于一种思维体系、一种思维出来的存在之下。凡我所思维的就是可能，其所以是可能，也是由于我既可以思维它也可以不去思维它。而不管我们思维的是什么，在任何思维中和任何思维出来的东西中我自己决没有整个地消灭掉。我的思维毋宁已隶属于我的现实，除非我的这个现实不是我自己，而是我的感性的实存的一个方面，当然，这个实存的方面应该隶属于别的，再不然，除非我根本不是我自己，除非我已经放弃了我的现实，因而事实上我已不自知地屈居于一个另外的不管什么东西之下，否则我的思维总隶属于我的现实。

如果现实**作为被思维者**虽然从我们这里后退不已，但作为万事万物的支持者却当下现在着，而且如果它之所以当下现在着是由于任何思维都不能使之变成可能性的那种东西，那么，哲学思想就无意于把真正现实的这种不可思维性取消掉，反而要予以加强。因为现实，正是要通过思维之对它无能为力，正是要通过思维的失败，才令人体会到它的威力。

思辨的思维必须预防误解：

如果我用现实决不变为可能这一思想来思维现实，从而通过可能这个范畴超升到现实，则此时可能性和现实性都不再是范畴了。而如果它们重新变成有规定的范畴，因而思想不是通过它自己以超升于不可思维者，竟而变成一种比如说"现实即是无可能"这样的知识，那就产生出一种关于被认知了的现实必然性的假知识。而思维的超越意义之是否已被我们这样误解，则可从我们内心体验思想所采取的方式中显示出来（空的、根本不导致体验的思想，乃是绝对的零）：

面对着所谓被认知了的无可能性的现实，我们是很气闷的。因为我们通过可能性所作的运动，才是我们的实际存在或实存在时间里的呼吸，才是我们自由的条件。而残酷的实在性、无可逃避的必然性、存在物的明确性或一义性，如此等等，如果被认为即是绝对现实，则它们压抑我们，使我们窒息而死。

可是如果我们进行真正的思维超越，即，不让思想倒退为有限的知识，则恰恰在一切现象中，在一切对我们来说可思维的东西中，还保全着可能性，保全着现象事实的多义性。我们只有在我们的时间客观存在所作的贯穿这些可能性的运动中，才最终达到静止，而这种静止，不再是在无可能性的现实面前感觉到的那种令人麻痹的沉闷，而是由永恒的现实引起的震惊，永恒的现实在有限时间现象的无限性里显现出来，使人在这种震惊中得到深刻的满足。

只要我一思维，就重新是一个可能。因此一方面，思维永远给我们在时间性现象里创造可能性的空间，以便我们在其中保持我们的自由和我们的希望；而因此另一方面，思维又在无可能性的永恒现实面前停止下来，因为在现实的永恒性中我们已无复需要自由，我们已经找到安息。

历史性

我们现在用第二个例子让大家体会现实：现实性之显于我们面前就是历史性。

永恒的现实不可被当作一种无时间的持续的他物，不可被当作一种在时间里常驻不变的东西。对我们来说，现实毋宁是一个过渡。它取得实际存在，而它作为实存又将立即重新离开它的实际存在。它所取得的形态，不是持续，也不是固定不变，而是挫败。

现实的这种不能固定不变性和过渡性，可以用下面的现象来说明：

（1）人是沧海之一粟，茫无涯际的世界万物中的一点小灰尘，什么也算不得，——而他又是这样深刻的一种本质，他能够认识万物并且能把万物作为被认识了的东西包含于自身之内。他两者都是，在两者之间。他这摇摆于两者之间的存在，不是一种可加以确定的固定不变的现实。

（2）人的历史没有可能的终极状态，没有一个完成的期限，没有目标。任何时候都可能是个完成，而完成同时又是终结和没落。人的伟大及其本质取决于其每一瞬间的条件。现实只在过渡中展开自己——而且现实在其中展开自己的这种过渡不是指随便一个什么史实的简单出现的瞬间，而是指这样的一种实践了的瞬间，它一去不复返，不能代替，它即是现实自身在消逝中的当下现在，它对于在其中生存着的人来说是有决定意义的，而对于通过理解来达到这种不可理解的东西的观察者来说，也还有些余光残辉。

（3）世界现实并不成为人可以与之浑然一体从而成全为真正现实的人的那个全体。现实一成为世界也就丧失了它的现实性。关于全体的一切完满观念都仅只表示一种虚幻的和谐而已：无论是作为一种清醒理性的最终体系，或作为一切生命的全体，或作为正义斗争中的平衡，或作为循环运动，或作为腐朽的终止和必然的重新建立，或作为诸如此类的其他什么，都不外是一种骗人的和谐。

在全无与全有之间，经常地只有过渡，没有完成一个包罗一切的全体的可能性，在任何情况下，人只由于他是历史的，才是现实的。所谓把握作为历史性的现实性，并不是说我要从历史上认识现实，然后按照这种认识来安排自己（比如说根据我关于我的时代在整个历史里占有什么地位的知识推论出时代的使命和我自己的使命等等）。相反，意思是说，我要跟我生存于其中的那个在时间里具体显现着的现实合为一体，从而深入于本原。

关于这样把握现实，有很多说法。它们如果被当作行为的指针，那就可能被误解，但如果旨在指明我们历史地体会现实的方式，则可以说都含有真理。这些说法有：使每一瞬间得到满足；履行每天的任务；完成不可代替的东西；整个地当下现在。另外还有：从植基于过去之中的根源里，和从产生将来的可能领域里寻找当前现在的深义：对过去的回忆和对将来的展望使我们成为当下现在的现实，而不是使我们从当下现在中逃入不切实际的远方；回忆过去和展望将来，使现在上升为永恒的现在。——现实只是现在的，而且唯其是现在的，所以是历史的、一去不能复返的。

我只有通过历史性才能确切体会到真正的超越的存在——只有通过超越存在虚幻无常的实在才成为历史的实质。

统一性

我们试用第三个实例来说明，只有当现实是统一的现实时对我们来说才是真正的现实。

由于我们认识了现实，看清了世界，于是任何统一性首先都归于消失：

（1）随着认识的步步加深，我们所认识的世界存在或世界万物，愈益表现为许多互不相连的存在样式。在无机自然现象与生命之间，在生命与意识之间，在意识与精神之间，我们愈是认识得清楚，则愈看出其间都存在着一个不可逾越的鸿沟——可是在这一切鸿沟之外，毕竟始终存在着关联，存在着统一，这种统一尽管愈追求愈渺茫，却是知识的前提和任务。

（2）整个的世界对人来说，不可能被真正建立为一个人的实存所需要的、最终完成了的、常住不变的统一体。人在他建立世界的过程中，每实现一种世界，这种世界就立即表示它本身包含着一种不可能，包含着败坏这种形态的世界的萌芽和不可遏止、不知伊于胡底的发展倾向——可是我们却又永不停息地追求一个统一的、团结的、自身完满的世界。

（3）当人体会到他的自身存在这一本原时，他就立即看到支离破碎，这是因为第一，他看到要在一个趋向于统一的实际存在中实现这个自身存在是永远实现不到完满地步的；第二，互相接触的各个生存着的个人所持的真理是多种多样的。但是，人的生存的基本特征却又是想在人与人的交往中达到使一切人乃至最辽远的人也都联结起来的那个大一。

存在的任何一种分崩离析状态，对我们都是一个要求，要求我们不把支离破碎的东西就视为是现实自身。我们的理性具有追求统一的冲动，这就使我们不把表现于散乱中的各式各样的现实当作真正的现实，而只把表现于统一中的现实才当作真正的现实。一个上帝、一个世界、一个自然整体、一个真理、各种科学的统一，世界历史的统一，这都是对我们有本质关系的一些统一要求，如果这些统一要求得不到满足，则没有被统一起来的东西不仅看起来是混乱的，并且显现出它们是非现实的。

不过在领会统一性的时候我们经常会误入歧途。比方说，我们倾向于把一种压缩了的或者说集中了的真理假定为唯一的真理(有关世界有限事物的理智知识，将这种对有限事物正确认识的必然有效性绝对化为一般真理)；或者比如说，我们把整个的世界当作是可通过某种统一的方式而加以认识的(并把物理学或生物学知识里的一种相对的整体绝对化为存在整体自身)；或者再比如说，我们不知不觉地坚信只有一个方式下的人生是人的真实理想(因而把某一个历史形态绝对化为人的一般形态)。

事实上，统一性是不能被当作直接所与、不能被当作知识内容、不能被当作观念，也不能被当作意图来理解的。任何把存在理解为一种仅只是内在存在的道路，都反而导致支离破碎、分崩离析、互不协调、永不完满。就连对我们自身这一最有决定意义的内心体会也同时伴随着这样的基本认识：我们作为可能的生存者只能与别的生存者一起才成为我们自身；这就是说，就连生存也不是把自己当作一个统一的生存。如果有统一性的话，统一性只存在于超越存在中。世界中的统一性，是根据超越存在中的统一性而得到理解的；我们又是通过我们生活现实中的绝对统一性来体会唯一的上帝。所以，在超越一切内在统一性的超越过程中，统一性就是现实性自身。在超越中，真实的统一性就好像是世界上一切变化无常的统一性的枢纽，就好像是我们所见到的一切有形的、反映出来的统一性的原因。

对这种超越的体验

在我们上述三个不同的例子中，我们得到的经验却是同样的：

（1）现实一直往后退，一直退到超越存在里才站住不再后退。

我们每次把现实理解为一种有规定的可认识的东西之后，都重新发生这样的问题：现实自身究竟是什么？它怎样显现出来？如果我事先以为我可以在一个可把握的世界事物本身中得到超越存在，那我就丧失了它。我们进行哲学思维，就在于克制我们的倾向，以便不在感性上看得见触得到的事物中去固定现实，不在具体的形象中去直观地占有现实，不想在思辨的思维中去理性地认知现实。事情永远是一个样子：每当人们想当下就掌握现实，每当人们直接谈论它，每当人们以为在思想里认识到它的时候，——而不是通过自己的生存的现实，通过超越而接触它的时候，——总而言之，每当人们相信通过巧妙的批判活动已完全到达现实近旁的时候，人们通常总是在这个时候失败下来。

（2）如上述例子所说的那样，哲学上通往现实的道路是一种利用范畴而又超越这些范畴的思维道路。像统一性、可能性这样一些范畴，都是为我们的存在物的有规定的形式。对这些范畴的超越，就好像是对现实的一种召唤。我们盼望在思维中能达到思维与现实同一的境界，可是当我们这样做的时候，我们总发现思维在未接触到现实之前就被撞击回来。但是，思维当它由于被撞击回来的经验而超越了它自己的时候，就能以一种不可代替的方式直接使思维者觉得现实是当下现在着。

（3）我们的一个基本经验是，现实并不简单地“存在着”。就它之向我们显现的方式来看，总有点什么不对头的地方，如果我们考虑到它的可认识性、完满性、正确性和持续性的话。我们仿佛本已脱离于现实之外，而如今才通过真理返回于现实之中。

因此，现实表现在时间里的任何一个现象也都是不适当的。不管它是什么，它都必须变成另外的东西。

因此，内在存在的直接可把握的东西，只在它的透明性中才是现实的显现。

因此，如果思辨的思想（在我们上述三个事例被误解了的情况下），不被用以进行超越，而被理解为这样的东西，仿佛利用它就可以通过一种使无限变有限的理由化过程而认识到现实自身，那么就连这思辨的思想自己也就变成为具有一定理由根据的一种不透明的世界事物了：

事实的赤裸性并不就是无可能性的现实性。从任何一个世界事物里取去其可能性，然后把它绝对地当成这样一个可认知的现实，这就将使超越存在因之而消失，自由因之而瘫痪，并使人对现实发生错觉。

作为历史上有形个体的特殊人物的客观性，并不就是这个生存的历史性。把历史性，亦即把客观存在者在复杂的历史事实中表现的这种特殊性视为绝对的现实，这就使超越存在于纯粹的个体意志中归于消失。

在一个我们能够加以思维——无论数量地或是逻辑地——的现实形象里的统一性，并不就是绝对现实所具有的统一性。世界里的一个客观统一性，当它作为统一性而被认识、被要求和客观化时，它就不再是超越的统一性，而是一种压缩了的、抽象了的、机械的或系统化了的东西。

然而，超越存在却又只存在于可能性消失了的地方；没有历史性它又不存在于时间里；没有统一性它又根本不存在。

(4) 现实和有关现实的经验都决不是什么不言而喻的当然的东西。看起来，现实每时每刻固然都可能当下现在着，但在多数情况下，现实是消逝了的。意见、观念、习惯和实际存在的心理感觉等等，都是假现实或现实假象的一些不可靠的根据。

因此，朝着现实冲撞仿佛就是一种对假象的突破，这是一种新经验，真正的、支持着我们的经验。

只有当我成为我自己时，我才取得这种关于现实的经验。超越存在，当我作为可经验的世界事物时，它的发言是我听不见的，只有当我是一个生存时，它的发言我才能听得到。我自己的现实，取决于我如何认识现实和我把什么当作现实来认识的方式。我们如何去接触那无可能性的现实，我们如何在我们的历史性里并且通过这历史性亦即统一性而掌握现实，其方式决定着我们对现实的接近。

由于生存的实现，在深度上、力量上和范围上有程度的差别，所以当前现在性以及现实性好像也分出等级，对超越存在的距离好像也分出远近。

(5) 在每一个不充分中，即是说，凡现实没有在其幽深玄远中当下现在着的地方，在那里我们就产生冲动：我们只在那种即是现实自身的存在里才能安静下来。

仅仅有点什么这件事，就已经足以使人得到惊人的满足。

但随后的问题在于有点什么。我们不能在因对如此存在(Sosein)无动于衷而表现出的那种空虚的安静里感觉到现实，而只能在克服了对现实的如此存在所生的感触震动之后的那种安静里，即是说，只能在通过了实践的、争取得来的安静里，感觉到现实。

如果说只在现实里有安静，那么在时间里我永远只通过有限事物诉说的语言才能倾听到这种现实。我在最紧急的情况下，在边缘处境里，以哪一种方式来思维现实，这就表示我自己的现实具有哪一种基本特征。诚然，最深刻的满足，只能存在于即是现实自身的那种现实里，存在于无限的、完满的、万物赖以成为万物、我们赖以成为我们和我们的对象赖以成为对象的现实里；但是我们体会这种现实，则永远要通过历史里具体现象这条道路。

哲学的基本抉择

所有我们讨论过的这些经验，都集中说明一件事，即，在生存思维中必须作出哲学的基本抉择，必须决定我如何去把握现实的方式问题：

封闭于自身的内在存在还是突破以趋向于超越存在

（1）哲学信仰的第一个抉择是，相信可以思维一个自身圆满的世界呢，还是相信思维必须朝向着超越存在？

主张只有内在存在的人，有他们的理由根据。他们认为一切超越的东西都是错觉，都是懒汉们的幻想，都是为了逃避坚硬的现实而制造出来的一种意象。

内在存在所以令人觉得它就是存在自身，乃因为只有它是可知的。只有内在存在可以成为知识内容，——比如，一切知识都只涉及内在的东西。

然而内在存在毕竟显得非常脆弱易碎，因为它分崩离析，支离破碎，缺乏统一性，五花八门，杂乱无章，不可能达到完满。

单纯的内在存在虽然也有一时的力量，虽也具有不透彻的平庸肤浅的知识所发出的一时的光亮，但缺乏忠诚的绝对性，缺乏相爱斗争中发展生长的连续性，缺乏真正的现实的当下呈现。它始终停留在自我蒙蔽的、以虚无为归宿的实存之间的斗争的毫无希望之中。甚至爱情，如果只限于内在的，也就缺乏振翼高飞的力量，而必须有了飞翔的力量，仿佛一切存在都变成公开的，爱情才能使一切可爱的东西变得更深刻更光明，——只限于内在世界里的爱情，就变成狭窄的热情。

凡没有超越性的东西，就丧失一切作用；它仅只把时间混过而已，或者对它自己根本不自觉，或者自觉其等于零。在那样一瞬间，即当我让被认识的存在升起时，超越的存在对于我就没落了，而我自己对于我也就暗淡下来了。

因此，当我们在我们的本质里经验到，超越对我们来说就是对一切实存的突破、就是现实时，在这样的瞬间，我们的存在意识就产生飞跃。

超越存在，对于哲学思维活动者来说，虽然是暗含着的，却是作为现实而当下现在着的。不过，超越存在究竟说了些什么，其含义始终是隐晦的；我们必须勇敢地负责去理解它，因为上帝决不直接明说。超越存在就是我借以成为我自己的那个势力：我之所以是自由的，恰恰就是由于它的缘故。它最有决定意义的语言，乃是通过我的自由自身所表示出来的语言。

生活于世界之外还是生活于世界之中

（2）那么第二个抉择是，让超越存在将我引出世界以外从而达到世界否定呢，还是相信超越存在要求我只在世界以内来实现我呢？哲学信仰在这个问题上是紧密地和世界联结着，把世界当作它自己所认识的一切存在的条件（所以事实上，纯粹的内在学说[Immanenzlehre]是哲学每时每刻都将因之而陷于空洞无物的一种切身危险）。哲学信仰要求完全不要离开世界里的事情，要求首先在世界里以一切力量去做当时有意义的工作（以便在这种行动中和从因此而产生的现实那里听懂超越存在所说的一直还含义未明的话语）而同时永不忘记整个世界在超越存在之前所显现的那种趋于消逝的虚无性。哲学信仰要求在认识有限性的条件下视历史性为唯一的实现方式。它要求采取高傲的人生态度，这种态度虽然并不“盼望”死亡，但把死亡当作一种一直渗透到当前现在里来的势力而坦然承受下来。如果说从事哲学活动就意味着学会死亡，那么这不是说我因想到死亡而恐惧，因恐惧而丧失当前现在，而是说，我按照超越存在的尺度永不停息地从事实践，从而使当前现在对我来说更为鲜明。

因此，对我们来说，超越存在什么也不是，因为凡是对我们存在着的东西都是以实际存在的形态存在着的。

而因此，对我们来说，超越存在又是一切，因为对我们实际存在着的东西只当它与超越存在发生关联时，或者说，只当它是超越存在的密码时，才是真正的存在。

宗教的现实

在这样的哲学思维里，如何以思想来明确现实，已经表述过了，但确切把握现实，则还并没完成。哲学看来好像是一种无效的和骗人的思维，它在任何地方都不给人以“那个”现实。因为它假定思维的人通过哲学思维只想把他已经带来的和他可能成为的那种东西弄得更加明晰，使之具有更高的连续性，而不是假定思维的人想取得某种他原来无论如何不可能取得的东西和想成为他原来出于自身之力所决不能成为的那种人。返回于现实的最后步骤，归根到底是要由每一个人自己来完成，其完成的方式是不可预测的。哲学只能指明如何通过真理以接近现实，如何去把捉永远当前现在但又永远不普遍公开的那个存在的道路。

宗教给我们唤起一个完全不同的希望。在宗教里，为万物之基础的现实是作为确定的东西，有权威保证了的东西，通过本质上不同于哲学思维的方式信仰了的东西被经验着。现实已经发了言，并且已经在神话和天启中得到了把捉。

哲学不能产生神话。因为如果有了神话，那么神话里所有的就是现实自身；而哲学只能在神话里烘云托月间接使人得到确信。哲学不能代替天启。因为如果有了天启，那么在天启中发言的即是现实自身；而当现实在这里的时候，哲学就只能缄默——但当世界上的意见、感性现象、要求等等出现在这里的时候，哲学就立即思维起来。

我们现在来说明一下宗教的特征，看它从哲学方面看，即是说，从外面看是个什么样子。不错，宗教不可避免地要表现出一些外在特征，但我们必须指出，这些外在特征并不足以充分说明宗教，也许它们对于宗教信仰的现实根本没有谈到。我们现在从这样一些特征里挑选出几个来谈谈，并且还是利用前面谈过的通过哲学向现实超越的那三个例子作为线索。

纯粹的天启

（1）当现实自身就是那无可能性的现实时，如果它是可以为我们所认知的，则它必须具有语言，必须可以言说。可是只要语言是一种思维而它的内容是一种被思维了的东西，则语言就会立即重新把现实当成一个可能来思维，而这个可能本来是在别的可能已成现实的条件下成为现实的。

现实所具有的那种毫无疑问的如实存在，要依靠语言才可言说，而这种语言的形式必须是一种既思维而同时又停止思维的思维所具有的形式。

这样一种形式也许就是神话和童话。在神话和童话里叙述一个故事，叙述的时候并不把它与实际联系起来（即是说，并不讲出它的详细因果关联，以便使人理解这故事，觉得当初如果不是如此这般事情的发生也就不会是这个样子），而是把它当作毫无疑问的当然的事件来讲述，听到讲述时，我们只感觉有“事情是这样的”或“当年有过这样的事”所表示的那种现实性，而完全想不到去提出是否有发生另外情况的可能这一疑问。在这里，现实是作为不可理解的东西被当然地直接地接受下来的。在这里，听讲的人所体会到的整个现实，就其形象来说，是一种可以直观的东西，不具有一个被思维物所具有的概念和普遍性。因此，神话和童话正因为并不说明什么，正因为就合理的结果、原因、目的等等而言是最无意义的，最胡说八道的，所以可能最深刻，并且具有无限解释的可能性。

但神话和童话只是现实的一种语言。一般地可以这样说：凡只能被当作历史或者说故事来讲述的，都是现实：譬如说，有物存在而不是一无所有；——现实世界的如此存在(Sosein，它之是这个样了)；——作为现实之表现的原始现象(Urphänomene)等等。

只有想象的语言——看来就是这样——才涉及那不能加以任何研究的现实。

只有把存在当作密码来谛听，才能领悟看来毫无疑问的现实的真义。在谛听中，存在好像起了变化，它不仅变得透明，而且变成必然，它变成无理由根据的必然，所以不再与可能对立。

超越现实的语言，是不可比较和不可推论的本原的一种客观性：

这是哲学密码的语言。这是现实的超越存在在神话和宗教启示中的当前现在。

如果我们重视这个基本事实，我们就势必不便接受习惯看法。习惯看法只承认两者之一，要么承认一种**不现实的**密码、**象征**，要么承认**感性的现实**。

事实上两者都有：

一方面是**现实化**而成为感性的东西，像基督复活那样，复活了的基督，通过紧闭着的大门突然降临到众门徒的面前，使直到那时还不相信基督是神的托马斯亲手抚摩到他的刑伤。——另一方面是**升华**而成为美的象征，象征可以自由自在地随时提供刺激而无需有实际的出现，但它从无边丰富的历史传统里以永远不同的形象给予人们以享受。

但在这两者之外，或者不如说在这两者之前，还有这样一条原始的途径：现实只能通过**有信仰的知觉**、有信仰的经验来把捉，除此而外，别的道路都不通行。现实是当前现在着的，但只当每一个自身存在的人能够通过自己的现实来认知它时，它才当下现在。

从心理学上说，信仰赖以把握现实的是表象。如果我固执着这些表象，以为它们既已呈现就算获得了信仰的内容，那我就大错特错，因为这样在信仰中呈现了的现实自身就离我而去，我就把握不到它了。因为，信仰的主要问题不在于信仰物的表象，而在于信仰物的现实。正如世界的现实要通过感官才能把握一样，超越的现实要通过信仰——哲学的或宗教的——才能达到，两者各不相同。令人迷惑的错误的唯心主义，把感官世界和信仰世界都变成假象，把它们都视为意识的产物。但[真正的]哲学则是面对现实、正视现实的。

所以，超越的现实当下现在着的地方，任何一种解释说明都破坏不了它。愈是对感官世界的清晰研究，如果这种研究摧毁了迷信观念的固定和混淆的话，就只会愈加提高超越存在真正的可感知性。

在**宗教**里，只要人们能从哲学的角度上看，就会看到在那里有一种表现宗教特征的倾向，即倾向于把超越存在当作世界里的感性个别事物——即当作特种圣物——看待。相反，对哲学来说，在每一感性形象和经验现实里人们能以历史上多种多样的自由的同一根源作为认知的基地而认识到超越存在。原则上说一切东西无不可以变为神圣的，同时也没有任何东西是——对一切人普遍有效的——完全神圣的。密码的实际符号，在宗教里，似乎把自己有限化，变成为超感性存在的感性存在，——而在美的直观里，则把自己抽象化，以至除去其所表示的意义而外空虚无物。所以如果从哲学方面来观察祈祷仪式、宗教教条、清规戒律所体现的宗教内容，则前面已经批判了的那种非此即彼的看法就自然而然重新出现。从事于哲学思维的人，也许能够极其真诚地感觉他宗教里的象征、符号的重要，反对任何对它们的破坏。这些象征可能以一种独特的方式向他讲话，而他愈想解释它们的含义，它们作为现实的符号对他就愈变成无法说明的东西。但是这些象征并不能向他保证特种圣物的神圣性的完全或纯粹。对他来说，这些象征都始终真实是些象征，而其所以如此，只是因为它们是无限的，即是说，因为它们不是可以被包括到任何教条和任何目的性行动里去的东西。

对哲学来说密码就是超越的现实在世界里的形象，在世界里一切东西都可以充当密码，而没有任何东西是理智非作某种解释不可的密码。密码不是能以别的东西来加以解释的。但是，如果密码被认为是在世界里面圆满自足、自身封闭了的神圣事物的一个具体的、可把握的方面，则它就不再是密码，而变成一种经验的现实了。

纯粹的历史性

(2) 从哲学上说，超越存在可以每时每刻都从起源上来加以历史地理解，而且它只显现为历史事实。但这乃是说，它的客观现象并不能对一切人都有效用，并不能对一切人都是真理。与此相反，从宗教的天启信仰上说，超越存在是在只出现一次的历史事实里已经终结了，而这样一次性的史实，作为超越存在，又是对一切人绝对客观有效准的，是每一个本质亦即人所以能享度其福祉的条件。

如果从哲学观点来看，这乃是历史性本身的一个大变化。本来天启信仰[亦即宗教信仰]的深刻意义，在于从历史性中把捉生存信仰[亦即哲学信仰]所不能逾越的本原，那么现在发生这种变化之后，就可能使生存的(亦即哲学的)历史性本身完全归于丧失。因为如果我不在我自己的历史性里去认真地生存，反而使我的历史性沉沦于一个唯一的、普遍的历史性中，则生存的历史性一定不能保有它自己所有的直接的超越的根源。当我相信一个本身也仅只是特殊的历史性而据说自身又包容了一切历史性的历史性是绝对的现实时，我已经在切断我与别的历史性之间的可能交往，以便把它当作材料硬塞到自己的历史性里去。

每一个人都享有的，如他的历史性、如他的回忆、如他的统一性，以及每个人在边缘上都能展望到的，诚然都与一个社会传统不可分离地关联着，而这种社会传统愈是把一个含义不明而又变动不已的、扩大到涉及一切人的可能与现实的历史性包含到自己的历史回忆中，则它愈是深远，愈有启发性，愈起团结集中的作用。但是，这种社会传统，从哲学方面看，决不可把自己绝对化，使之成为唯一的、绝对的、对一切人都有效用的世界历史性：第一，因为别的历史性既然也具有它的本原，就也有权利成为一个历史性，不应该在精神上被消灭掉，而应该在永不停息的、充满着提问和被提问的时间程序里有权利发言；第二，因为每一个人的独特的历史性，不应该因它统摄于一个唯一的普遍的世界历史性之下，而使它的超越的本原所具有的直接性和独立性融化消失。

这是从一种生存向另一种生存的变化：从一种在自由中

和在每一个本原都能享有的公开性中，以及在不知伊于胡底的历史中永无止境永不封闭地实现着自身的生存，转化为一种在否定了一切其他本原、包括了一切个人和一切未来的特定的实现中[一次地]完成了自身的生存。对哲学来说，在这里理性显然已被抛弃了。

纯粹的内在化了的统一性

(3)同样，统一性，或者说，大一，在宗教里——从哲学观点看——显然也变化了，变成在世界以内有形的、客观的统一性了。在天启信仰中我把大一了解为这样的统一性，它虽然具有上帝启示这一历史形象，而是一切人所共有的大一，它虽然具有历史性，而在它的历史客观性中成为普遍有效准的。我相信这个作为涵盖一切的感性有形事物的传统教会组织中的统一性。我已不再历史地属于**我的**教会，而是绝对地属于**那个**普遍的、唯一真实的教会了。于是当前现在着的就不再是许多历史生存物之中的一个历史生存物的现象，而是整个的无所不包的大一或大全了。这种统一性的性质，产生下列的后果。

权威已不再是历史地斗争着的权威，而因为它是唯一的、它也是绝对的和固定的权威了；——

我相信过去遗留下来的一部书，已不是像我相信其他伟大著作那样，而是相信它即是上帝借以显现其自身的唯一的圣书。而且我们所以如此相信，是因为当前的教会作为有形的保证人声称它是唯一神圣的书，要求我这样信仰；——

我必须认为历史里一切其他样式的信仰都不真实，如果说它们真实，则只因在它们之中有真实信仰的萌芽和成分在生活着，而这些萌芽和成分则只有在唯一的教会里才真正变成明确和真实的；——

对我来说，对任何其他人也是一样，除这唯一的真实的教会而外再没有可以得救之处；——

统一性不再是些破碎的断片，而是具体的完成了的整体；它的形象就是这个唯一的有形的神圣的教会，谁参加到这个教会里来，谁就会在绝对的满足中找到这个统一性。

对哲学的怀疑问题

宗教既然与哲学有这样本质上的不同，——即使不限于就上述几点特征而就其充分发挥了的本质而论，情况也是如此——而且宗教在历史上又是如此巨大的现实，于是怀疑哲学思维是否有意义有力量的疑问就发生了，因为看起来哲学思维好像接触不到现实。

第一个疑问：

宗教是得到了确证的，它通过受苦难的坚忍行为，通过文学艺术的作品，通过一种异乎寻常的被称之为神学的思想体系，已被相信为真实的东西。既然这种信仰已经有了创作，那么对于超越存在的这种信仰是有现实性的，而通过这种信仰的现实性，超越存在的现实性也就跟我们无比地切近了。

在哲学思维活动中我也能像在宗教里一样十分切近于现实吗？哲学思维自身也有可能据以生活的和像宗教现实那样在任何情况之下都能站得住的现实吗？

答复是：宗教现实决不是哲学所能达到的。它与哲学所能呈现和理解的完全不同——也许比较多些什么。宗教所有的实证性，在哲学里找不到可以相比的类似的东西。但虽然如此，哲学思维并不是没有实证性，而且它的实证性在宗教里即使不至于丧失却显然有丧失的危险。

哲学的信仰是一个人的私人生活的实质；它是从事哲学思维活动的人的现实，在他的历史本原上，亦即在他被赐予而成为他这个人的那个历史的基础上，哲学思维者以哲学信仰为基本现实。

我在哲学思维中经验到超越存在的现实性，并没有中介，我是通过我自己而经验到它的，而通过我自己时，我自己被当作一种不是我自己的东西。

哲学信仰——不能通过任何组织机构，但也许可能通过每一种组织机构——表示自己并生活于哲学精神王国的消息传达之中，——于思想家之间这种互相了解和各自转化的对话之中，——于一个一切人都参与而任何人都不能据为己有的永恒哲学（philosophia perennis）所表现的这种永远不能加以最后把握而在互相敌对和彼此有本质差别的情况下却联系着一切哲学思想的哲学现象之中。

哲学信仰是一切真正的哲学思维活动不可缺少的起源。从这个起源开始，才发生自己在这个世界里的生活运动，以便经验和研究现实的现象，以便进而更加明确地达到超越存在的现实。但起源、运动和目标，都只以仅仅出现一次而不能重复的历史形象实现着自身。

哲学信仰虽是人们赖以掌握现实的东西，但由于它不是独断的，不是教条的，它不能成为知识。对于它说来，思想是从昏暗的起源到现实的过渡；所以如果思想仅仅是思想，那就毫无价值。思想之所以有意义，完全是由于它具有阐明的、导致可能的作用，由于它具有内心行为的性质，由于它具有召唤现实的魔力。

第二个疑问：

我们在上面试图说明宗教现实的特征时，是从哲学观点出发，而不是从宗教现实本身说起的。那么我们这种说明的办法是否预先已经含有一种**否定**的态度，预先已经在**怀疑**宗教在它的根底上本来就是不正确和不真实的呢？我们这种说明的办法本身是否已经就是一个**反对宗教的斗争**呢？

答复是这样的：当我们从哲学方面来谈宗教时，这种说明办法和所谈的特征之不尽适合于宗教，乃是在所难免的，正如我们从宗教方面来谈哲学，其说明办法和所谈特征之不能完全适合于哲学一样。哲学也好，宗教也好，只有因哲学信仰或宗教信仰而真是他自己的那种人才能理解。如果以为一个由一种信仰转到另一种信仰的人，因为他已经实际经验过两种信仰而就一定了解它们两者，这很可能是一个错误的想法。因为我们猜想，一个本来是哲学家而现在转到宗教信仰上来的人，恐怕从来就未曾真正进行过哲学思维活动，——而一个本来具有宗教信仰现在进行哲学思维活动的人究竟是怎样的情况，也许要看他宗教信仰本身的真切程度如何。

这种看法的结果，将是从哲学里发展出这样一种态度来，这种态度，如果以只有一个唯一普遍有效真理的思想来衡量，具有一种似乎自相矛盾的性质：

（1）哲学必须对不是哲学的那种真理有充分的谅解。哲学是从这样一种东西出发的，一方面它自己永远不能成为这种东西，而另一方面假如没有这种东西它本身就不会是哲学。所以，对于活的哲学思维来说，有一个根本问题，即宗教的现实是什么，亦即在宗教中被把握的现实和有宗教信仰的人的现实是什么，这个问题始终还没有得到最后的答案。

（2）哲学与宗教之间有一种斗争。只要这个斗争不是为了世界里的实际存在问题，而是为了真理问题，因而不是使用暴力，而是使用理由、事实、疑问等等精神武器在进行，它就必须遵守下列的规则：当人们把哲学和宗教对立起来时，必须将两者放在同一个水平上，不可认为一个是高一级而另一个是低一等的东西。

一种哲学，如果它的信从者由于他没有真正的生存而只纠缠着空洞的思维和不切实际的主张，由于他坠入于单纯的内在存在，陷入于一种被认为即是绝对的东西中而不能自拔，因而没有信仰，则这种哲学已不再是哲学。正如一种宗教，如果它固执于某种据说是超感觉的东西的无精神的感性存在，则它已不再是宗教一样。所以一方面的斗争，反对哲学的冷静孤僻，反对它的分裂支解作用，反对它的不严肃性，也就像另一方面的斗争，反对宗教的迷信，反对它导致狂热和破坏的作用，反对信仰它的人们那种缺乏生存，同样是正当的。

但哲学并不是反对宗教，它只是不懂宗教或异于宗教。哲学思维使人体会到有一种在宗教的形象中没有得到满足的本原。这种本原可以通过哲学所不能给予而能使人对它有所感觉的那种现实而得到完成。这种现实如同宗教现实一样，其出现于我们之前是未经理解的。它是在从事于哲学思维的人之中和这种人的外在世界之中一切一切的支持者。

由于哲学不懂宗教，所以只要宗教忠实于其自己的本原，哲学就不能认为它不是真理而加以反对：哲学就在对它不了解和随时准备去了解和愿意设法去了解中承认它是真理。通过它而永远重新受到感触，乃是哲学本身的生命之所系。哲学与宗教的关系是一场斗争，而按照这种斗争的本质来说，在未被理解的决定性的东西面前哲学方面会停止斗争的。从事哲学思维的人宁愿承认教会宗教的客观存在即是哲学传统也与之密切关联的实质传统的唯一形象。他宁愿哲学也被一起接纳到宗教现实的范围以内去，只是不要被接纳为底层建筑，而是被接纳为一个反对极，在他看来，如果没有这另一极端，就连宗教也要消沉下去的。

因为凡宗教提出它认为对世界上一切人都一律有效用的普遍主张和要求时，它与哲学之间互相质疑和审核的公共媒介就被践踏，而永不停息的斗争就开始进行。

（3）同时，哲学假定，看起来对宗教好像很有危害的哲学思维，事实上对一种真正的宗教并不能构成什么危险。凡经不起思维考验的东西，一定不是真正的货色，凡不愿听取意见和不敢被考问的东西，当然也不是真品实货。严格的思维将使具有真实本原的东西只会显现得更纯洁更光明。但堕落的宗教，则咎由自取，应该有受攻击的危险。

第三个疑问：

最近几世纪的历史似乎提供了这样一个深刻的教训：宗教的衰败使一切都变了。权威丧失了权威，例外已不成为例外。所以似乎一切都成疑问，一切都靠不住了。再也没有无条件的绝对的了，如果下一句结论的话，那就是：没有什么东西是真的，任何东西都无所不可。由于再也找不到根据，无复安身立命之所，就滋长出悲观绝望，而与此同时，却也产生了狂热信仰，钻到一个牛角尖里，再也不想思维了。跟随着宗教这个超越存在的当前呈现一起，真正的现实也消失了。宗教已完全没有力量。它现在就像是一个金玉其外败絮其中的东西，只要一遇打击，就毫无还手之力而土崩瓦解。但奇怪的是，当它自身崩溃的时候，它的打击者——仿佛受了什么魔法——也同时跟随它一起归于粉碎。

因此，一切足以危害宗教的势力，都成了给整个人类招致毁灭的东西。哲学和科学也不例外。最近以来，由于哲学大众化，已经有一大批空洞的启蒙思想变成普遍接受了的理智教条，又由于所有的人都参加进来搞科学，于是普遍流行着一种对其根本不懂的科学内容的迷信。

与此同时，出现了人类的意识衰退，特别是，对于直到19世纪还表现于文学和体现于生活中的人的实质、命运和理想等等的理解能力，表现了势不可遏的衰退。如果说荷马、索福克勒斯、但丁、莎士比亚、歌德，他们对于人的关切一个比一个少，那么应该很有理由指出这是科学和哲学的过失所造成的现象。它们教人以外在的表面的思想去怀疑一切，它们并且通过它们的理性主义把一切的深刻意蕴掩盖起来；一切存在着的东西，都不外是它的天然的可认理智给它表现出来的东西，即是说，归根到底，不外是一个显而易见的事实性。

问题是：哲学应否被谴责为一种败坏性和破坏性的思维方式呢？

回答说：像这样一些有关原因关联的一般性抱怨，都很成问题。它们给人启发，但站立不住。人们对于这种有关世界历史和人类前途的无论悲观的或乐观的笼统判断都已听腻了。人们诚然很想认识到可能和体会到无限；但人们首先盼望能够当下即是他所能是的人，能够做他现在所能实现的事——而这不取决于一种世界史的全体知识。

这里面有一个任务是而且始终将是哲学的任务：要为至大无外的大全而把我们敞开；要敢于通过各种真理而在爱的斗争中进行交往；要在即使最陌生和最失败的局面下也耐心地不懈地保持清醒的理性，要归返于现实。——这个任务可能完成吗？

有一句老话说，在科学里，一知半解的知识，使人放弃信仰，完整的知识，使人回归信仰。事实上，所谓科学地认识，意味着批判地和有方法地认识；意味着认识人之所知和人之所不知；意味着认识一般的知识限度；意味着哲学地对待科学。如果没有这一点，则科学的成果，作为词句，都是迷信的内容。

人们可以把对科学说的这句话转用到哲学上来：一知半

解的哲学使人远离现实，完整的哲学使人趋向现实。半截的哲学，可以导生当代人归咎于哲学的那些后果，可以使人分心外骛，——或为探索问题而殚精竭虑，或为追求历史知识而博览文献，或者醉心于奇思妙想，或者沉溺于公式定义，再或者听凭理智摆布，进行反复无已的推敲，——并且可以使人丧失现实。完整的哲学，由于能控制上述种种可能，所以本质上使人思虑内集，在这种内心行为中，人将分有现实，因而人才真正成为他自己。

完整的哲学，作为简单的但有效的思想形态，虽能促使每一个人甚至小孩去实践它，但有意识地使之最终实现，则是一项虽然作为一个当前现在着的整体总在实现着自身却永远没有完成而需要每时每刻重新履行的任务。只要人保持其为人，他对这种任务就不论在什么情况下也总具有清醒的意识。哲学的道路是漫长和艰苦的；只有少数人，也许，真正走过它；但它的确是切实可行的："sed omnia praeclara tam difficilia quam rara sunt"。

再版后记

这几篇作于1937年的演讲词，早已脱销。其中大部分思想在我那本大部头的著作《真理论》里都已有了，而且它们当年就是从那部大书的手稿中提取出来的。可是我现在仍然应出版家之约让它们重新付印。我所以觉得可以再版，是因为“生存”一词(Existenz)在当初发表这些演讲的那个处境下，别有它的含义。

“生存哲学”(Existenz philosophie)这个称呼，其来历不是那么十分清楚。据我所知，最早是海尼曼(Fritz Heinemann)在他1929年的《哲学新路》里正式使用，他认为他是这个名称的第一个使用者。但是从那时起，经历了一段无名的过程，直到好多年之后，它才成了标示当代哲学思维特点的称号。海尼曼当初使用这个字眼，我根本没有注意，因为我从20年代中期起就在我的讲演里使用，而完全没觉得有什么超出于基尔凯戈尔的新意。我并没有想要借这个名词来宣讲一种新哲学。在我的演讲里我只是用“生存阐明”(Existenzerhellung)这个词来指出哲学的一个部分领域。

所以我并不认为海尼曼的书真曾断言有了一种新的现代哲学从而特地给它起这个名字。然而海尼曼确实使这个名词在公开演讲中流行起来。生存哲学(Existenz philosophie)这个字眼，特别是一联系到存在主义哲学(Existential philosophie)的创始人海德格尔，就总被当成标明当代哲学的非运算性、非传统性的印记，而且这个印记现在已经根深蒂固牢不可破。尽管所有算得上是这派哲学创始人的作家们都拒绝这个称号，它却像幽灵一般存在着，使最不相同的东西在它的名义下被人视为同一个东西。我自己在我那本《当代的精神状态》(1931年)里曾利用这个字眼来表示对人进行思维的一种哲学方式，在同时发表的三卷本《哲学》里，也只以其中的一卷探讨了生存阐明。然而，我也谈“生存哲学”，而且按照这几篇演讲里的含义来谈的，即是说，生存已在当今这个时刻成了表示哲学特征的字眼，然而它本身只不过是一种古老哲学的一个形态。当时我虽采用这个名词作为这几篇演讲的标题，我却没想这个词儿成为口号。在那个时候，首先，这个词儿还不含有使人误解的含义；其次，还不存在现已流行全世界的萨特的存在主义，其实他的存在主义是出自一种外来的哲学思想；最后，当时用这个词去表示某种完全不同的另外的东西，还是可能的。

这另外的东西正是我当时所唯一萦绕于怀的东西。这几篇演讲词是在我被解除了大学教职之后几个星期中写成的

（我被解职是因为我妻子是犹太人，不是因为我的不为人所知的政治主张，也不是因为我的本不令人感兴趣的哲学）。我虽已被解职，神学院院长鲍伊特勒（E. Beutler）认为解职以前发出的邀请仍然有效。我知道我将不能再公开说话了，我就抓住这最后的机会，并把这几篇演讲词之因出版社的缘故可以出版视为一种意想不到的幸运。这是在纳粹垮台西方可以重新享度自由德意志生活以前我所发表的最后一本著作。这本著作的声调适合于这本著作出生的那个时刻，它关涉到根除不掉的东西。

我该讲什么呢？在演讲那几天，由于生病，我体力比平时更加虚弱，这也算是个象征吧，所以我发出了一种在当时几乎绝望了的呼声。这呼声会有提醒作用的。它回响于哲学之中。对理性动物来说，当宗教的信仰不让人们有所皈依的时候，一切能证实的和可依靠的东西，都出于哲学。

但演讲里没有任何对纳粹现象的直接影射。在当时那是要杀头的。我属于这样一类人，决心不让自已因粗心大意而落于恐怖集团之手。因为不仅我个人的身体条件决定我没有能力进行一项有计划的积极抵抗，而且即使我具备身体条件，恐怕作为一个孤立教授也不会决定采取行动。我当时看来没有什么别的选择余地，只有弄清楚人们所做的和想做的是什么，从中引出结论来。对于我们说来，只好做些幼稚的遁世的举动，为了保全生命（在很多情况下人的这种天然价值还是要保护的），有时就毫不迟疑地撒谎。因为野兽，当它掌握一切毁灭性势力时，是可以使用计谋而不像对付人和理性动物那样对付你的。斯宾诺莎的 Caute，那样一种高尚而难能可贵的理想，诚然我们一刻也不曾忘记，然而锲而不舍的追求则毕竟做得不够。这种处境的危难情况，我在《罪过问题》（1946 年）那篇文章里已经谈过，这里就不再重复了。

个人的苦难乃是德意志民族苦难的一个反映。当时的心情，完全出于对德意志灵魂和德意志精神之正在遭受摧毁的认识。在我们海德堡学术界的朋友中，从 1934 年起就流行着这样的论调："finis Germaniae"（日耳曼完蛋了）。我们当时远看不清会出现什么情况。1937 年发生的事情，同后来发生的那些骇人听闻的事件比较起来，当然微不足道、平淡无奇。由外国力量来消灭纳粹，从而拯救德意志生活的可能性，在当时还一点影子都望不到。

在很小的朋友圈子里，由于休戚与共，出于充分信赖，大家倒是推诚相见，无话不说。我本人和他们一样，觉得唯一可能的是保全一个能思维的身体，以便至少在精神上感到德意志精神是超然于事外的。我成了一个我从来不曾那样自觉意识到的德意志人，当然不是从民族意义上而是从伦理意义上说的。我用我深信不疑的德意志精神来对抗那日益可怕、日益疯狂、日益惨无人道的周围世界，在那个世界里，谁要是想活着就只有缄默。

我在这几次演讲中说了一个人可以毫无危险地说的话：单纯的哲学。这样做之所以还可能，是因为纳粹分子，从最上层领导到最低级的帮手，不管他们在组织上、技术上、宣传上、诡辩上是多么出色的知识分子，而在精神事物方面都是些几乎令人难以置信的笨蛋（大不同于俄国的共产党人）。而且他们还藐视哲学，尽管他们可以说没有一个人懂得这个东西。这几次演讲里所说的话，并不是只为当时说的，然而说话所以采取那个方式，却是由于当时毫无办法。在我的用字遣词中，隐约可以听出某种来自这个背景的东西。当我后来偶尔听说有些同我素不相识的人阅读我这个演讲集而得到“安慰”，以及哲学能够因为它要求成为哲学而提供这种安慰的时候，我感到很大鼓舞。

尊重理性，信赖科学，确认事物的本质，思维一切存在的本原，这些都是在当时所处整个威胁之下所讲的事情，——然而事情的内容却很少涉及当时的局势，所以我从演讲词里找不到一句我觉得有时间性因而已经过时了的话。关于大全、关于真理、关于现实所说的话，没有说话当时那种危难情况也仍然成立。

雅斯贝斯

1956年6月于巴塞尔

图书在版编目(CIP)数据

生存哲学 /（德）雅斯贝斯(Jaspers,K. T.)著；
王玖兴译. —上海：上海译文出版社，2013. 4（2024.11重印）
（译文经典）
ISBN 978 - 7 - 5327 - 6136 - 4

Ⅰ. ①生… Ⅱ. ①雅… ②王… Ⅲ. ①雅斯贝斯，
K. (1883～1969)-存在主义 Ⅳ. ①B516. 53②B086

中国版本图书馆 CIP 数据核字(2013)第 056671 号

Karl Theodor Jaspers
Existenzphilosophie
Drei Vorlesungen Gehalten am
Preien Deutschen Hochstift in Frankfurt A. M.
September 1937
Walter De Gruyter & Co.
Berlin 1956
本书根据德国柏林格吕伊特出版社 1956 年第二版译出

图字：09 - 1997 - 069 号

生存哲学
〔德〕卡尔・雅斯贝斯/著 王玖兴/译
责任编辑/王巧贞 装帧设计/张志全工作室

上海译文出版社有限公司出版、发行
网址：www.yiwen.com.cn
201101 上海市闵行区号景路159弄B座
安徽新华印刷股份有限公司印刷

开本 787×1092 1/32 印张 4. 25 插页 5 字数 55,000
2013 年 4 月第 1 版 2024 年 11 月第 8 次印刷
印数：18,001—20,000 册

ISBN 978 - 7 - 5327 - 6136 - 4
定价：38. 00 元